히어로 왕초보
일본어 회화

히어로 왕초보
일본어 회화

초판 7쇄 발행	2024년 9월 1일
초판 1쇄 발행	2017년 8월 30일

저자	더 콜링(김정희, 桃坂, 明子, 一朗)
감수	日野理沙ひのりさ(김윤의)
기획	김은경
편집	이지영
발행인	조경아
발행처	**랭**귀지**북**스
주소	서울시 마포구 포은로2나길 31 벨라비스타 208호
등록번호	101-90-85278 **등록일자** 2008년 7월 10일
전화	02.406.0047 **팩스** 02.406.0042
이메일	languagebooks@hanmail.net
MP3 다운로드	blog.naver.com/languagebook

ISBN	979-11-5635-063-7 (10730)
값	9,500원

ⓒLanguageBooks, 2017

이 책은 저작권법에 따라 보호받는 저작물이므로 무단 전재와 무단 복제를 금지하며,
이 책 내용의 전부 또는 일부를 이용하려면 반드시 저작권자와 랭귀지북스의
서면 동의를 받아야 합니다. 잘못된 책은 구입처에서 바꿔 드립니다.

히어로 왕초보
일본어 회화

랭귀지북스

Preface 머리말

내 손안에 쏙 들어오는 〈**히어로 왕초보 일본어 회화**〉는 일상에서 쓸 수 있는 일본어 회화만을 담았습니다. 일본여행, 해외출장 및 미팅, 어학연수, 유학, 이민뿐만 아니라 한국에 거주하는 일본인이 증가하면서 일본인을 만날 기회가 많아졌습니다. 더군다나 인터넷과 SNS의 발달로 일본인 친구 사귀기는 마음만 먹으면 쉽게 할 수 있습니다.

당장 내 앞에 일본인이 길이라도 물어본다면, 또는 글로벌 시대에 온라인에서 일본 친구 한 명 사귀어 보고 싶다면, 자신 있게 〈**히어로 왕초보 일본어 회화**〉를 꺼내 보세요.

나의 일본어 실력을 빛나게 할 작지만 강한 책으로 이제 당신도 일본어 히어로가 될 수 있습니다.

더 콜링_김정희

About this book 이 책의 특징

• 막힘없이 쉽게!

왕초보부터 초·중급 수준의 일본어 학습자를 위한 회화 포켓북입니다. 일본 사람들과 바로 통하는 표현을 엄선해, 인사부터 하루 생활, 여행, 사건&사고까지 세세하게 구성했습니다. 이제 어떤 일본어 응급상황이 닥치더라도 당황하지 말고 상황별 표현을 찾아 막힘없이 말해 보세요.

• 리얼 발음으로 쉽게!!

왕초보도 일본어를 쉽게 읽을 수 있도록 일본에서 사용하는 표준 발음과 최대한 가까운 한글 발음을 각 표현 하단에 표기했습니다. 한글 발음 표기로 이제 자신 있게 리얼 발음을 구사해 보세요.

• 어디서나 쉽게!!!

한손에 쏙 들어오는 크기로, 24시간 주머니 속에 넣고 다니며 필요할 때마다 꺼내 표현을 익힐 수 있습니다. 이제까지 보디랭귀지와 단순 단어만으로 일본어 위기상황을 모면했다면 지금부터는 포켓 사이즈 〈**히어로 왕초보 일본어 회화**〉로 언제 어디서든 마음껏 이야기해 보세요.

● 일본어 문자

MP3. C0

일본어는 기본적으로 히라가나와 가타카나, 한자로 표기합니다. 히라가나와 가타카나를 각각 음절에 따라 행과 단으로 배열한 표를 흔히 50음도라고 하는데, 오늘날 사용되지 않는 가나 문자를 빼면 모두 46자입니다.

1. 히라가나 ひらがな

히라가나는 한자의 초서체에서 유래한 문자로, 오늘날 모든 인쇄와 필기에 사용되는 가장 일반적이고 기본적인 일본어 문자입니다.

단 행	あ 아	い 이	う 우	え 에	お 오
あ 아	あ 아	い 이	う 우	え 에	お 오
	あめ 아메 비	いぬ 이누 개	うえ 우에 위	えき 에끼 역	おとうと 오또-또 남동생
か 카	か 카	き 키	く 쿠	け 케	こ 코
	かさ 카사 우산	き 키 나무	くつ 쿠쯔 신발	けが 케가 상처, 부상	こと 코또 일, 것

단 행	あ 아	い 이	う 우	え 에	お 오
さ 사	さ 사	し 시	す 스	せ 세	そ 소
	さくら 사꾸라 벚꽃	し 시 4, 넷	すし 스시 초밥	せき 세끼 자리, 좌석	そば 소바 곁, 옆
た 타	た 타	ち 치	つ 츠	て 테	と 토
	たくさん 탁상 많음	ちち 치찌 아버지	つゆ 츠유 장마	て 테 손	ともだち 토모다찌 친구
な 나	な 나	に 니	ぬ 누	ね 네	の 노
	なみだ 나미다 눈물	にく 니꾸 고기	ぬいめ 누이메 솔기	ねだん 네당 가격, 값	のり 노리 김

단\행	あ 아	い 이	う 우	え 에	お 오
は 하	は 하	ひ 히	ふ 후	へ 헤	ほ 호
	はな 하나 꽃	ひ 히 해, 태양	ふく 후꾸 옷	へや 헤야 방	ほか 호까 다른 것, 밖
ま 마	ま 마	み 미	む 무	め 메	も 모
	まえ 마에 앞	みみ 미미 귀	むかし 무까시 옛날, 예전	めいし 메-시 명함	もも 모모 복숭아
や 야	や 야		ゆ 유		よ 요
	やま 야마 산		ゆき 유끼 눈		よる 요루 밤
ら 라	ら 라	り 리	る 루	れ 레	ろ 로
	らいねん 라이넹 내년	りんご 링고 사과	るす 루스 부재중	れんらく 렌라꾸 연락	ろく 로꾸 6, 여섯

단 행	あ 아	い 이	う 우	え 에	お 오
わ 와	わ 와 わたし 와따시 나, 저				を 오 ~を 오 ~을
ん 응	ん 응 うん 응 응(승낙, 긍정을 표현하는 말)				

2. 가타카나 カタカナ

가타카나는 한자 획의 일부를 취해서 만들어진 문자로, 표기되는 문자 모양은 달라도 발음은 히라가나와 같습니다. 주로 외래어나 외국의 인명, 지명, 의성어, 의태어, 동식물명 등을 표기할 때와 강조하고 싶은 말에 쓰이는데, 요즘은 가타카나의 사용 비중이 계속 커지고 있습니다.

단 행	ア 아	イ 이	ウ 우	エ 에	オ 오
ア 아	ア 아	イ 이	ウ 우	エ 에	オ 오
	アジア 아지아 아시아	イギリス 이기리스 영국	ウェブ 웨부 웹	エアコン 에아콩 에어컨	オレンジ 오렌지 오렌지
カ 카	カ 카	キ 키	ク 쿠	ケ 케	コ 코
	カード 카-도 카드	キャラクター 캬라쿠타- 캐릭터	クリーム 쿠리-무 크림	ケーキ 케-키 케이크	コート 코-토 코트

＼단행	ア 아	イ 이	ウ 우	エ 에	オ 오
サ 사	サ 사	シ 시	ス 스	セ 세	ソ 소
	サークル 사-쿠루 서클, 동호회	シングル 싱구루 싱글	スクリーン 스쿠리-ㅇ 스크린	セット 셋토 세트	ソウル 소우루 서울
タ 타	タ 타	チ 치	ツ 츠	テ 테	ト 토
	タイトル 타이토루 타이틀, 제목	チーズ 치-즈 치즈	ツアー 츠아- 투어	テレビ 테레비 텔레비전	トイレ 토이레 화장실
ナ 나	ナ 나	ニ 니	ヌ 누	ネ 네	ノ 노
	ナンバー 남바- 넘버, 번호	ニュース 뉴-스 뉴스	ヌードル 누-도루 누들	ネット 넷토 네트, 그물	ノート 노-토 노트

단\행	ア 아	イ 이	ウ 우	エ 에	オ 오
ハ 하	ハ 하	ヒ 히	フ 후	ヘ 헤	ホ 호
	ハイキング 하이킹구 하이킹	ヒーロー 히-로- 히어로, 영웅	フリー 후리- 프리, 자유	ヘア 헤아 헤어, 머리털	ホテル 호테루 호텔
マ 마	マ 마	ミ 미	ム 무	メ 메	モ 모
	マスク 마스쿠 마스크	ミキサー 미키사- 믹서	ムード 무-도 무드, 분위기	メモリー 메모리- 메모리	モニター 모니타- 모니터
ヤ 야	ヤ 야		ユ 유		ヨ 요
	ヤフー 야후 야후		ユニット 유닛토 유닛, 단위		ヨーロッパ 요-롭파 유럽

단\행	ア 아	イ 이	ウ 우	エ 에	オ 오
ラ 라	ラ 라	リ 리	ル 루	レ 레	ロ 로
	ラジオ 라지오 라디오	リング 링구 링, 반지	ルーム 루-무 룸, 방	レポート 레포-토 리포트, 보고서	ロボット 로봇토 로봇
ワ 와	ワ 와				*ヲ 오
	ワーク 와-쿠 워크, 일				
ン 응	ン 응				
	ペン 펭 펜				

* 현재는 ヲ 오를 거의 사용하지 않습니다.

   (옛날 전보문이나 공식 문서에서 쓰였으나, 현재는 형식상 남아 있습니다.)

- **일본어 문자**   6

Chapter 1   이 정돈 기본이에요!

Unit 1   **인사**

처음 만났을 때	26
때에 따른 인사	28
오랜만에 만났을 때	30
안부를 묻는 인사	33
안부 인사에 대한 대답	35
헤어질 때 인사	36
환영할 때	38
사람 부르기	40
말을 걸 때	41

Unit 2   **소개**

상대의 정보 묻기	44
자기소개하기	47

Unit 3   **감사**

감사하다	50
감사 인사에 응답할 때	55

Unit 4   **사과**

사과하다	57
사과 인사에 응답할 때	60
잘못 & 실수했을 때	61

Unit 5   **전화**

전화를 걸 때	64
전화를 걸 때 – 회사에서	67
전화를 받을 때	68
전화를 받을 때 – 회사에서	72
전화를 바꿔 줄 때	74
다시 전화한다고 할 때	76
전화를 받을 수 없을 때	78
통화 상태가 안 좋을 때	81
전화 메시지 관련	82
잘못 걸려 온 전화	83
전화를 끊을 때	85
전화 관련 기타	86

Chapter 2   **무슨 말을 꺼낼까?**

Unit 1   **하루 생활**

일어나기	90
기상하기	92
세면	95
샤워	98
목욕	99
식사 – 일반	102

	아침 식사	103
	점심 식사	104
	저녁 식사 & 기타	106
	옷 입기	107
	TV 시청	109
	잠자리 들기	112
	잠버릇	116
	숙면	119
	꿈	122
Unit 2	**집**	
	화장실 사용	124
	화장실 문제	125
	화장실 에티켓	126
	소변 & 대변	128
	거실	129
	부엌용품	132
	냉장고	133
	전자레인지 & 가스레인지	135
	요리 준비	136
	요리하기	137
	식사 예절	140
	설거지	142

	위생	144
	청소	145
	걸레질	148
	분리수거	149
	세탁	150
	다림질	153
	집 꾸미기	154
Unit 3	**운전 & 교통**	
	운전	156
	주차	159
	교통 체증	161
	교통위반	162
Chapter 3	**나랑 친구할래요?**	
Unit 1	**날씨 & 계절**	
	날씨 묻기	168
	일기예보	169
	맑은 날	172
	흐린 날	174
	비 오는 날	176
	천둥 & 번개	179
	봄 날씨	180

	황사	183
	여름 날씨	184
	태풍	188
	장마	189
	가뭄	191
	홍수	192
	가을 날씨	193
	단풍	196
	겨울 날씨	197
	눈	200
Unit 2	**명절 & 기념일**	
	설날	202
	새해 결심	203
	크리스마스	205
	생일	207
	축하	210
Unit 3	**음주**	
	주량	213
	과음	215
	술버릇	217
	술에 취함	218
	술에 대한 충고	221

	술에 대한 기호	222
	금주	223
	술 관련 기타	225
Unit 4	**흡연**	
	흡연	229
	담배	232
	금연	234
Unit 5	**취미**	
	취미 묻기	237
	취미 대답하기	238
	사진	240
	스포츠	242
	구기 스포츠	247
	음악 감상	251
	악기 연주	252
	영화감상	254
	극장 가기	256
	독서	258
	십자수	262
	수집	263
Unit 6	**애완동물**	
	애완동물	265

	애완동물 – 개	268
	애완동물 – 고양이	273
	애완동물 – 기타	274
Unit 7	**식물 가꾸기**	
	식물 가꾸기	276

Chapter 4 여행 가서도 척척!

Unit 1	**출발 전**	
	항공권 예약	282
	예약 확인 및 변경	284
	여권	286
	비자	287
Unit 2	**공항**	
	공항 이용	290
	티켓팅	291
	보딩	292
	세관	293
	면세점 이용	295
	출국 심사	296
	입국 심사	297
	짐을 찾을 때	301
	마중	303

Unit 3	**기내**	
	기내에서	305
	기내식	309
Unit 4	**숙박**	
	숙박 시설 예약	311
	체크인	315
	체크아웃	317
	숙박 시설 이용	319
	숙박 시설 트러블	321
Unit 5	**관광**	
	관광안내소	323
	투어를 이용할 때	324
	입장권을 살 때	326
	관람	328
	길 묻기	329
Unit 6	**교통**	
	기차	332
	지하철	333
	버스	335
	택시	337
	선박	340

Chapter 5 긴급상황도 OK!

Unit 1 **응급상황**

응급상황 — 344
구급차 — 345

Unit 2 **길을 잃음**

길을 잃음 — 347
미아 — 348

Unit 3 **사건 & 사고**

분실사고 — 350
분실신고 & 분실물 센터 — 351
도난 — 352
소매치기 — 355
사기 — 356
경찰 신고 — 359
교통사고 — 360
화재 — 363
지진 — 366
안전사고 — 369

Chapter 6 너희들 덕에 편하구나!

Unit 1 **컴퓨터**

컴퓨터 — 374
컴퓨터 모니터 — 376

	컴퓨터 사양	377
	컴퓨터 키보드 & 마우스	379
	컴퓨터 프린터	380
	복사기	381
	문서 작업	383
	파일 저장 & 관리	385

Unit 2 인터넷

인터넷	389
이메일	391
메신저	394
소셜 네트워크	395
블로그	396

Unit 3 휴대전화

휴대전화	398
휴대전화 문제	400
휴대전화 기능	402
벨소리	404

Unit 4 기타 기기

MP3 플레이어	406
내비게이션	407
디지털 카메라	409
사진 찍기	412

Chapter 1
이 정돈 기본이에요!

Unit 1　**인사**
Unit 2　**소개**
Unit 3　**감사**
Unit 4　**사과**
Unit 5　**전화**

Unit 1 인사

처음 만났을 때

💬 처음 뵙겠습니다.

初めまして。
하지메마시떼

💬 잘 부탁합니다.

どうぞよろしくお願いします。
도-조 요로시꾸 오네가이시마스

💬 잘 부탁해.

どうぞよろしく。
도-조 요로시꾸

💬 저야말로 잘 부탁합니다.

こちらこそよろしくお願いします。
코찌라꼬소 요로시꾸 오네가이시마스

💬 나야말로 잘 부탁해.

こちらこそ。
코찌라꼬소

こちらこそよろしく。
코찌라꼬소 요로시꾸

💬 만나서 반갑습니다.

お目にかかれてとても嬉しいです。
오메니 카까레떼 토떼모 우레시-데스

お会いできて嬉しいです。
오아이데끼떼 우레시-데스

💬 만나 뵙게 되어 영광입니다.

お目にかかれて光栄です。
오메니 카까레떼 코-에-데스

💬 말씀 많이 들었습니다.

おうわさはかねがね伺っておりました。
오우와사와 카네가네 우까갓떼 오리마시따

お話はよく伺っております。
오하나시와 요꾸 우까갓떼 오리마스

💬 마츠모토에게 말씀은 들었습니다.

松本の方から聞いてました。
마쯔모또노 호-까라 키이떼마시따

💬 명함을 주시겠어요?

お名刺をいただけますか。
오메-시오 이따다께마스까

💬 제 명함을 드릴까요?

私の名刺を受け取っていただけますでしょうか。
와따시노 메-시오 우께똣떼 이따다께마스데쇼-까

때에 따른 인사

💬 안녕하세요.

おはよう。
오하요-

↳ 아침에 하는 인사말로, '안녕히 주무셨어요'라는 의미로도 쓸 수 있습니다.

おはようございます。
오하요- 고자이마스

💬 안녕하세요.

こんにちは。
콘니찌와

↳ 점심-오후 인사

💬 안녕하세요.

こんばんは。
콤방와

↳ 저녁 인사

💬 잘 자.

おやすみ。
오야스미

💬 잘 자요.

おやすみなさい。
오야스미나사이

↳ 잘 때만 쓰는 인사는 아니고, 밤에 헤어질 때나 '쉬세요'라는 의미로도 쓸 수 있답니다.

💬 잘 잤어?

よく 眠(ねむ)れた？
요꾸 네무레따?

오랜만에 만났을 때

💬 오랜만입니다.

お久(ひさ)しぶりです。
오히사시부리데스

しばらくです。
시바라꾸데스

💬 오랜만이네.

久(ひさ)しぶりだね。
히사시부리다네

💬 몇 년 만입니까?

何年(なんねん)ぶりですか。
난넴부리데스까

💬 오랫동안 뵙지 못했습니다.

長いこと、お目にかかれませんでした。

나가이 코또 오메니 카까레마센데시따

💬 오랫동안 소식을 드리지 못했습니다.

ご無沙汰しておりました。

고부사따시떼 오리마시따

↳ 대화에서 쓰이는 말

ご無沙汰しています。

고부사따시떼 이마스

↳ 편지에서 쓰이는 말

💬 시간 참 빠르네요.

時間は早いものですね。

지깡와 하야이 모노데스네

💬 뵙고 싶었어요.

お会いしたかったです。

오아이시따깟따데스

💬 어떻게 지내셨어요?

どうしていましたか。
도-시떼이마시따까

💬 어떻게 지냈니?

どうしていた(の)?
도-시떼이따(노)?

💬 하나도 안 변했어요.

少しも変わらないですね。
스꼬시모 카와라나이데스네

💬 전혀 안 변했구나.

相変わらずだね。
아이까와라즈다네

💬 아니, 이게 누구야!

いやー、これはこれは！
이야-, 코레와꼬레와!

💬 이렇게 여기에서 당신을 만나다니 뜻밖이에요.

こんなところで会(あ)うとは思(おも)いませんでした。

콘나 토꼬로데 아우또와 오모이마센데시따

안부를 묻는 인사

💬 건강하세요?

お元気(げんき)ですか。

오겡끼데스까

💬 지난 주말 어땠어요?

先週(せんしゅう)の週末(しゅうまつ)いかがでしたか。

센슈-노 슈-마쯔 이까가데시따까

💬 가족 분들은 모두 잘 지내십니까?

ご家族(かぞく)の皆(みな)さんはお元気(げんき)ですか。

고까조꾸노 미나상와 오겡끼데스까

💬 자제분은 잘 있습니까?

お子さんはお元気ですか。
오꼬상와 오겡끼데스까

💬 어떻게 지내세요?

いかがお過ごしですか。
이까가 오스고시데스까

💬 별일 없어요?

お変わりないですか。
오까와리나이데스까

💬 무슨 좋은 일이라도 있으세요?

何かいいことでもあるんですか。
나니까 이- 코또데모 아룬데스까

안부 인사에 대한 대답

💬 모두 건강합니다.

みんな元気です。
민나 겡끼데스

💬 그럭저럭 지냅니다.

まあまあです。
마—마—데스

💬 늘 마찬가지죠.

いつも同じですね。
이쯔모 오나지데스네

💬 별일 없어.

いや、別に。
이야, 베쯔니

💬 무슨 별다른 일이라도?

何か変わったことは？
나니까 카왓따 코또와?

헤어질 때 인사

💬 안녕히 가세요.

さようなら。
사요-나라

↳ さよなら라고 쓰기도 합니다.

💬 그럼, 내일 봐요.

では、また明日。
데와, 마따 아시따

じゃ、明日会いましょう。
쟈, 아시따 아이마쇼-

💬 그럼, 다음 주에 봐요.

じゃ、また来週。
쟈, 마따 라이슈-

じゃ、来週会いましょう。
쟈, 라이슈- 아이마쇼-

💬 그럼, 나중에 봐.

じゃ、あとでね。
쟈, 아또데네

💬 그럼, 또 봐.

じゃ、またね。
쟈, 마따네

💬 조심하세요.

気をつけてください。
키오 츠께떼 쿠다사이

💬 다녀올게요.

行ってきます。
잇떼 키마스

↘ 나가는 사람이 집에 있는 사람에게 하는 말

行って参ります。
잇떼 마이리마스

↘ 정중한 표현으로 주로 회사에서 외근 나갈 때 하는 말

💬 잘 다녀오세요.

行ってらっしゃい。
잇떼랏샤이

↘ 외출에서 돌아온 사람은 '**ただいま**。다녀왔습니다.'라고 합니다.

💬 전 지금 가야겠어요.

もう行^いかないといけません。
모- 이까나이또 이께마셍

💬 가끔 연락하고 지내자.

たまに連絡^{れんらく}してね。
타마니 렌라꾸시떼네

また連絡^{れんらく}するね。
마따 렌라꾸스루네

💬 당신 가족에게 안부를 전해 주세요.

ご家族^{かぞく}によろしく。
고까조꾸니 요로시꾸

ご家族^{かぞく}によろしく伝^{つた}えてください。
고까조꾸니 요로시꾸 츠따에떼 쿠다사이

환영할 때

💬 어서 오세요.

いらっしゃい。
이랏샤이

いらっしゃいませ。
이랏샤이마세
お帰りなさい。
오까에리나사이

💬 일본에 오신 것을 환영합니다.

ようこそ日本へ。
요-꼬소 니홍에

💬 저희 집에 오신 것을 환영합니다.

私の家にようこそ。
와따시노 이에니 요-꼬소

↳ 私の家는 わがや라고 읽기도 합니다.

💬 이곳이 마음에 들기 바랍니다.

こちらを気に入ってもらえると嬉しいです。
코찌라오 키니 잇떼 모라에루또 우레시-데스

ここを気に入ってもらえると嬉しいです。
코꼬오 키니 잇떼 모라에루또 우레시-데스

💬 함께 일하게 되어 반갑습니다.

一緒に働くようになって嬉しいです。
いっしょ　はたら　　　　　　　　うれ

잇쇼니 하따라꾸요-니 낫떼 우레시-데스

사람 부르기

💬 실례합니다.

すみません。
스미마셍

↳ すいません으로 발음하기도 합니다.

💬 여보세요.

もしもし。
모시모시

💬 어이.

おい。
오이

💬 저...

あのう。/ ねえ。/ あのさあ。
아노-. / 네-. / 아노사-

💬 실은.

実(じつ)は。
지쯔와

💬 저, 말이야.

あのね。
아노네

ねえ、ねえ。
네-, 네-

말을 걸 때

💬 할 말이 있는데.

話(はなし)があるんだけど。
하나시가 아룬다께도

41

💬 이야기하고 싶은 게 있는데요.

話したいことがあるんですが。
하나시따이 코또가 아룬데스가

💬 들어줬으면 하는 게 있는데.

聞いてもらいたいことがあるんだけど。
키-떼 모라이따이 코또가 아룬다께도

💬 의논했으면 하는 게 있어.

相談したいことがあるの。
소-단시따이 코또가 아루노

💬 지금, 이야기해도 될까?

今、話してもいい？
이마, 하나시떼모 이-?

💬 지금, 시간 있어?

今、時間ある？
이마, 지깡 아루?

💬 지금, 잠깐 괜찮아?

今、ちょっといい？
いま

이마, 촛또 이-?

Unit 2 소개

상대의 정보 묻기

💬 실례지만, 성함이 어떻게 되세요?
失礼ですが、お名前は何とおっしゃいますか。
시쯔레-데스가, 오나마에와 난또 옷샤이마스까

💬 성함이 어떻게 되세요?
お名前は何ですか。
오나마에와 난데스까

💬 성함을 어떻게 읽습니까?
お名前は何と読みますか。
오나마에와 난또 요미마스까

💬 성함의 한자는 어떻게 읽습니까?
お名前の漢字はどう読みますか。
오나마에노 칸지와 도- 요미마스까

💬 이름 가르쳐 줘.

名前教えて。
나마에 오시에떼

💬 성함이 뭐였지요?

お名前は何でしたか。
오나마에와 난데시따까

💬 별명이 무엇입니까?

ニックネームは何ですか。
닉쿠네-무와 난데스까

💬 성함만 알고 있었습니다.

お名前だけ分かっていました。
오나마에다께 와깟데 이마시따

💬 명함을 주시겠습니까?

お名刺をいただけますか。
오메-시오 이따다께마스까

💬 직업이 뭐예요?

お仕事は何ですか。
오시고또와 난데스까

💬 국적이 무엇입니까?

国籍は何ですか。
콕세끼와 난데스까

💬 어디 태생인가요?

どちらのお生まれですか。
도찌라노 오우마레데스까

💬 학교는 어디 다닙니까?

学校はどちらですか。
각꼬-와 도찌라데스까

💬 가족은 몇 분입니까?

ご家族は何人ですか。
고까조꾸와 난닌데스까

자기소개하기

💬 제 소개를 하겠습니다.
自己紹介させてください。
지꼬 쇼-까이사세떼 쿠다사이

💬 김 씨에게 소개받은 이진우입니다.
金さんにご紹介いただきましたイジンウです。
킨산니 고쇼-까이 이따다끼마시따 이징우데스

💬 처음 뵙겠습니다, 스즈키 류이치라고 합니다.
初めまして、鈴木龍一と申します。
하지메마시떼, 스즈끼류-이찌또 모-시마스

💬 스즈키 류이치입니다.
鈴木龍一です。
스즈끼류-이찌데스

💬 치아키라고 불러 주세요.
私を千秋と呼んでください。
와따시오 치아끼또 욘데 쿠다사이

💬 저는 한국에서 왔습니다.

私（わたし）は韓国（かんこく）から来（き）ました。
와따시와 캉꼬꾸까라 키마시따

私（わたし）は韓国人（かんこくじん）です。
와따시와 캉꼬꾸진데스

💬 저는 타나카 회사의 후지모토입니다.

私（わたし）は田中会社（たなかかいしゃ）の藤本（ふじもと）です。
와따시와 타나까 카이샤노 후지모또데스

💬 저는 은행에서 근무합니다.

私（わたし）は銀行（ぎんこう）に勤（つと）めています。
와따시와 깅꼬-니 츠또메떼 이마스

💬 저는 하라주쿠의 옷가게에서 일하고 있습니다.

私（わたし）は原宿（はらじゅく）の服屋（ふくや）で働（はたら）いています。
와따시와 하라쥬꾸노 후꾸야데 하따라이떼 이마스

💬 저는 한국대학교 4학년입니다.

私（わたし）は韓国大学（かんこくだいがく）の4年生（ねんせい）です。
와따시와 캉꼬꾸 다이가꾸노 요넨세-데스

💬 저는 미혼입니다.

私は未婚です。
와따시와 미꼰데스

💬 저는 결혼했습니다.

私は結婚しています。
와따시와 켁꼰시떼 이마스

Unit 3 감사

감사하다

💬 고마워요.

ありがとう。
아리가또-

どうも。
도-모

サンキュー。
상큐-

↳ Thank you의 발음대로 해서 '39[さんきゅう]'라고 말하기도 합니다.

💬 감사합니다.

ありがとうございます。
아리가또-고자이마스

感謝します。
칸샤시마스

💬 감사 드립니다.

感謝しております。
칸샤시떼 오리마스

💬 아주 고맙습니다.

本<ruby>当<rt>ほんとう</rt></ruby>にありがとうございます。
혼또−니 아리가또−고자이마스

💬 깊이 감사 드립니다.

<ruby>深<rt>ふか</rt></ruby>く<ruby>御礼<rt>おれい</rt></ruby><ruby>申<rt>もう</rt></ruby>し<ruby>上<rt>あ</rt></ruby>げます。
후까꾸 오레− 모−시아게마스

💬 어쨌든, 고마워요.

<ruby>何<rt>なに</rt></ruby>はともあれ、ありがとう。
나니와또모아레 아리가또−

とにかくありがとう。
토니까꾸 아리가또−

💬 아주 고마워서 어떻게 감사해야 할지 모르겠습니다.

とてもありがたくてどう<ruby>言<rt>い</rt></ruby>っていいか<ruby>分<rt>わ</rt></ruby>かりません。
토떼모 아리가따꾸떼 도− 잇떼 이−까 와까리마셍

どれほど<ruby>感謝<rt>かんしゃ</rt></ruby>してるか<ruby>言<rt>い</rt></ruby>いきれません。
도레호도 칸샤시떼루까 이−끼레마셍

💬 뭐라 감사의 말씀을 드려야 좋을지 모르겠네요.

何と御礼を申したらいいのか分からないです。

난또 오레-오 모-시따라 이-노까 와까라나이데스

💬 여러모로 신세 많이 졌습니다.

いろいろお世話になりました。

이로이로 오세와니 나리마시따

💬 대단히 신세 많이 졌습니다.

たいへんお世話になりました。

타이헹 오세와니 나리마시따

💬 당신 덕분으로 도움이 되었습니다.

おかげさまで助かりました。

오까게사마데 타스까리마시따

💬 지난번에는 고마웠어.

先日はどうも。

센지쯔와 도-모

💬 수고를 끼쳐드렸습니다.

ご面倒をおかけしました。

고멘도-오 오까께시마시따

💬 늘 도와주셔서 감사합니다.

いつも助けてくれてありがとうございます。

이쯔모 타스께떼 쿠레떼 아리가또-고자이마스

💬 도와주셔서 대단히 감사합니다.

手伝ってくれてどうもありがとうございます。

테쯔닷떼 쿠레떼 도-모 아리가또- 고자이마스

本当に助かりました。

혼또-니 타스까리마시따

💬 당신의 친절에 감사 드립니다.

親切にして下さってありがとうございます。

신세쯔니 시떼 쿠다삿떼 아리가또-고자이마스

💬 요시다 씨 덕분입니다.

吉田<small>よしだ</small>さんのおかげです。
요시다산노 오까게데스

💬 알려 줘서 고마워.

知<small>し</small>らせてくれてありがとう。
시라세떼 쿠레떼 아리가또-

💬 초대해 주셔서 고맙습니다.

ご招待<small>しょうたい</small>ありがとうございます。
고쇼-따이 아리가또-고자이마스

お招<small>まね</small>きありがとうございます。
오마네끼 아리가또-고자이마스

💬 만나러 와 줘서 고마워.

会<small>あ</small>いに来<small>き</small>てくれてありがとう。
아이니 키떼 쿠레떼 아리가또-

💬 길을 가르쳐 줘서 고마워요.

道<small>みち</small>を教<small>おし</small>えてくれてありがとう。
미찌오 오시에떼 쿠레떼 아리가또-

💬 선물, 무척 고마워요.

プレゼント、どうもありがとう。
푸레젠토, 도-모 아리가또-

💬 배려해 주셔서 감사합니다.

気をつかってくださって感謝します。
키오 츠깟떼 쿠다삿떼 칸샤시마스

💬 기다려줘서 고마워.

待ってくれてどうも。
맛떼 쿠레떼 도-모

감사 인사에 응답할 때

💬 천만에요.

どういたしまして。
도-이따시마시떼

💬 덕분입니다.

おかげさまです。
오까게사마데스

💬 제가 오히려 고맙죠.

こちらこそ、どうもありがとう。
코찌라꼬소, 도-모 아리가또-

💬 대단한 일도 아닌데요.

<ruby>大<rt>たい</rt></ruby>したことではありません。
타이시따 코또데와 아리마셍

💬 언제라도 부탁하세요.

いつでも<ruby>頼<rt>たの</rt></ruby>んでください。
이쯔데모 타논데 쿠다사이

💬 도움이 될 수 있어서 기뻐요.

お<ruby>役<rt>やく</rt></ruby>に<ruby>立<rt>た</rt></ruby>てて<ruby>嬉<rt>うれ</rt></ruby>しいです。
오야꾸니 타떼떼 우레시-데스

Unit 4 사과   MP3. C1_U4

사과하다

💬 미안합니다.

ごめんなさい。
고멘나사이

すみません。
스미마셍

申し訳ありません。
모-시와께아리마셍

申し訳ございません。
모-시와께고자이마셍

💬 미안.

ごめん。
고멩

💬 사과드립니다.

お詫びいたします。
오와비이따시마스

お詫び申し上げます。
오와비모-시아게마스

57

💬 그 일에 대해서 미안하게 생각하고 있습니다.

その事に対してすまなく思っています。

소노 코또니 타이시떼 스마나꾸 오못떼 이마스

💬 기다리게 해서 미안합니다.

お待たせしてすみませんでした。

오마따세시떼 스미마센데시따

💬 늦어서 죄송합니다.

遅くなってすみません。

오소꾸낫떼 스미마셍

💬 대단히 죄송합니다.

誠に申し訳ございません。

마꼬또니 모-시와께고자이마셍

💬 대단히 죄송했습니다.

どうもすみませんでした。

도-모 스미마센데시따

💬 앞으로 이런 일이 없을 겁니다.

これからはこんな事がないようにします。
코레까라와 콘나 코또가 나이요-니 시마스

💬 진심으로 사과드립니다.

心からおわびいたします。
코꼬로까라 오와비이따시마스

💬 폐를 끼쳐 드려 죄송합니다.

ご迷惑をかけてしまい申し訳ございません。
고메-와꾸오 카께떼 시마이 모-시와께고자이마셍

💬 미안하다는 말을 하고 싶어요.

あやまりたいです。
아야마리따이데스

사과 인사에 응답할 때

💬 괜찮습니다.

いいです。
이-데스

大丈夫です。
다이죠-부데스

💬 저야말로 사과를 드려야죠.

私の方こそごめんなさい。
와따시노 호-꼬소 고멘나사이

💬 제가 잘못했습니다.

私がいけませんでした。
와따시가 이께마센데시따

💬 걱정하지 마세요.

気にしないでください。
키니 시나이데 쿠다사이

ご心配なく。
고심빠이나꾸

💬 당신의 사과를 받아들이겠습니다.

あなたの謝罪を受け入れます。
아나따노 샤자이오 우께이레마스

잘못 & 실수했을 때

💬 내가 잘못했어.

私が悪かった。
와따시가 와루깟따

💬 저 때문에 죄송합니다.

私のために申し訳ありません。
와따시노 타메니 모-시와께아리마셍

💬 제가 실수했어요.

私のまちがいです。
와따시노 마찌가이데스

💬 제 탓이에요.

私のせいです。
와따시노 세-데스

💬 죄송해요, 어쩔 수 없었어요.

ごめんなさい、しかたなかったんです。
고멘나사이, 시까따나깟딴데스

💬 미안, 깜빡 잊고 있었어.

ごめん、忘れていた。
고멩, 와스레떼 이따

💬 미안해요. 부주의였습니다.

すみません。不注意でした。
스미마셍. 후쮸-이데시따

💬 착각했습니다. 미안합니다.

間違えました。すみません。
마찌가에마시따. 스미마셍

💬 폐를 끼쳤습니다.

ご迷惑をおかけしました。
고메-와꾸오 오까께시마시따

💬 귀찮게 해 드려 죄송합니다.

ご面倒をおかけして申し訳ありません。
고멘도-오 오까께시떼 모-시와께아리마셍

💬 문제가 생기리라고는 생각하지 못했어요.

問題が起きるとは思いませんでした。
몬다이가 오끼루또와 오모이마센데시따

💬 만회할 기회를 주세요.

取り返す機会をください。
토리까에스 키까이오 쿠다사이

Unit 5 전화

전화를 걸 때

💬 여보세요.

もしもし。
모시모시

ハロー。
하로-

💬 하야시 씨 계십니까?

林(はやし)さんいらっしゃいますか。
하야시상 이랏샤이마스까

💬 사토시 씨를 부탁합니다.

聡(さとし)さんをお願(ねが)いします。
사또시상오 오네가이시마스

💬 여보세요, 타카하시 씨 댁입니까?

もしもし、高橋(たかはし)さんのお宅(たく)ですか。
모시모시, 타까하시산노 오따꾸데스까

💬 여보세요, 카미사카 씨입니까?

もしもし、そちらは神坂(かみさか)さんでしょうか。
모시모시, 소찌라와 카미사까산데쇼-까

💬 노다라고 합니다만, 아키코 씨 계세요?

野田(のだ)ともうしますが、明子(あきこ)さんいらっしゃいますか。
노다또 모-시마스가, 아끼꼬상 이랏샤이마스까

💬 지금, 통화 괜찮으세요?

今(いま)、お話(はなし)できますか。
이마, 오하나시데끼마스까

💬 지금, 통화 괜찮아?

今(いま)、電話(でんわ)いい？
이마, 뎅와 이-?
今(いま)、電話(でんわ)大丈夫(だいじょうぶ)？
이마, 뎅와 다이죠-부?

💬 바쁘신데 전화한 건가요?

お忙しいのに電話を?
오이소가시-노니 뎅와오?

💬 밤 늦게 죄송합니다.

夜分遅く(に)すみません。
야붕 오소꾸(니) 스미마셍

遅い時間に電話して申し訳ありません。
오소이 지깐니 뎅와시떼 모-시와께아리마셍

💬 아침 일찍 죄송합니다.

朝早くにすみません。
아사 하야꾸니 스미마셍

💬 사토 씨 계세요? 좀 바꿔 주시겠어요?

佐藤さんいらっしゃいますか。ちょっと替わってもらえますか。
사또-상 이랏샤이마스까. 춋또 카왓데 모라에마스까

전화를 걸 때 - 회사에서

💬 여보세요. 늘, 신세를 지고 있습니다.

もしもし。いつも、お世話になっております。

모시모시. 이쯔모, 오세와니 낫떼 오리마스

💬 야마다 상사의 마츠모토라고 합니다만, 신이치 씨, 계십니까?

山田商社の松本と申しますが、
信一さん、いらっしゃいますか。

야마다쇼−지노 마쯔모또또 모−시마스가,
싱이찌상, 이랏샤이마스까

💬 늘 신세를 지고 있습니다. 신이치 말입니까?

お世話になっております。
信一でございますか。

오세와니 낫떼 오리마스.
싱이찌데고자이마스까

67

💬 제 주문에 관해 요스케 씨와 통화하려고 합니다만.

私の注文について洋介さんとお話したいのですが。
와따시노 츄-몬니 츠이떼 요-스께산또 오하나시시따이노데스가

💬 인사부 아무나 바꿔 주시겠습니까?

人事部の誰かにつないでくださいませんか。
진지부노 다레까니 츠나이데 쿠다사이마셍까

전화를 받을 때

💬 누구신가요?

どなたですか。
도나따데스까

💬 무슨 일이세요?

何でございましょうか。
난데고자이마쇼-까

どうしましたか。
도―시마시따까

💬 무슨 일 때문이죠?

どういうことでございますか。
도―이우 코또데 고자이마스까

💬 용건이 무엇입니까?

ご用件は何ですか。
고요―껭와 난데스까

💬 무슨 용건이세요?

何のご用件ですか。
난노 고요―껜데스까

💬 어떤 분이십니까?

どちら様ですか。
도찌라사마데스까

💬 어느 분을 찾으십니까?

どういう方をお捜してますか。
도―이우 카따오 오사가시떼마스까

💬 접니다만.

私ですが。
わたし

와따시데스가

💬 네, 전화 바꿨습니다.

はい、お電話替わりました。
でんわ か

하이, 오뎅와 카와리마시따

💬 여보세요, 전화 바꿨습니다. 카네다입니다.

もしもし、お電話替わりました。
でんわ か
金田です。
かねだ

모시모시, 오뎅와 카와리마시따. 카네다데스

💬 기다리게 해서 죄송합니다.

お待たせ致しました。
ま いた

오마따세이따시마시따

💬 죄송하지만, 전화가 좀 먼데요, 좀 더 크게 말해 줄래요?

すみませんが、電話が遠いので、もうちょっと大きな声で話してもらえますか。

스미마셍가, 뎅와가 토-이노데 모- 춋또 오-끼나 코에데 하나시떼 모라에마스까

💬 좀 더 크게 말해 주세요.

もうちょっと大きな声で言ってください。

모- 춋또 오-끼나 코에데 잇떼 쿠다사이

💬 좀 작게 말해 주세요.

もうちょっと声をおとしてください。

모- 춋또 코에오 오또시떼 쿠다사이

💬 여보세요, 들려요?

もしもし、聞こえてますか。

모시모시, 키꼬에떼마스까

💬 좀 천천히 말씀해 주세요.

もう少しゆっくりおっしゃってください。
もう<ruby>少<rt>すこ</rt></ruby>しゆっくりおっしゃってください。

모- 스꼬시 육꾸리 옷샷떼 쿠다사이

💬 다시 한 번 말씀해 주세요.

もう<ruby>一度<rt>いちど</rt></ruby>おっしゃってください。

모- 이찌도 옷샷떼 쿠다사이

전화를 받을 때 - 회사에서

💬 감사합니다. 야마다 회사입니다.

ありがとうございます、<ruby>山田<rt>やまだ</rt></ruby>でございます。

아리가또-고자이마스, 야마다데고자이마스

↳ 보통 회사에서 걸려온 전화를 받을 때

💬 안녕하세요. 야마다 회사 영업부의
야마시타입니다.

もしもし。山田会社の営業部の
山下です。

모시모시. 야마다가이샤노 에-교-부노
야마시따데스

↳ 소속부서와 이름까지 밝히는 경우

💬 닛산 센터로 전화 주셔서 감사합니다. 무엇을
도와드릴까요?

日産センターにお電話いただいてあ
りがとうございます。どのようなご
用件でしょうか。

닛산 센타-니 오뎅와 이따다이떼 아리가또-
고자이마스. 도노요-나 고요-껜데쇼-까

💬 안녕하세요. 야마시타 씨의 전화입니다만.

もしもし。山下さんの電話ですが。

모시모시. 야마시따산노 뎅와데스가

↳ 다른 사람의 전화를 대신 받을 때

73

전화를 바꿔 줄 때

💬 잠시만.

ちょっと待って。

춋또 맛떼

💬 잠시만 기다리세요.

少々お待ちください。

쇼–쇼– 오마찌꾸다사이

💬 누구를 바꿔 드릴까요?

誰に替わりましょうか。

다레니 카와리마쇼–까

💬 연결해 드리겠습니다.

おつなぎ致します。

오쯔나기이따시마스

💬 네 전화야.

あなたの電話なの。

아나따노 뎅와나노

↳ 전화기를 건네며

💬 담당자를 바꿔 드리겠습니다.

担当者に替わりますので。

탄또-샤니 카와리마스노데

💬 과장님, 전화 왔어요.

課長、お電話です。

카쵸-, 오뎅와데스

> '과장님'을 일본어로는 課長様라고 하지 않는답니다.

💬 유코 씨를 곧 바꿔 드릴게요.

ただいま裕子さんと代わります。

타다이마 유-꼬산또 카와리마스

💬 잠시만 기다려 주세요. 전화를 마케팅부로 돌려 드리겠습니다.

少々お待ちください。電話をマーケティング部につなぎます。

쇼-쇼- 오마찌꾸다사이, 뎅와오 마-케팅구부니 츠나기마스

💬 잠시 기다려 주세요. 지금 바꿀테니까요.

ちょっと待ってくださいね。今替わりますから。

춋또 맛떼 쿠다사이네. 이마 카와리마스까라

💬 후쿠다 씨의 내선번호는 427번입니다.

福田さんの内線番号は427番[回]です。

후꾸다산노 나이센방고-와 용니나나반[까이]데스

다시 전화한다고 할 때

💬 나중에 다시 전화할게요.

後でもう一度かけ直します。

아또데 모- 이찌도 카께나오시마스

💬 다시 걸게요.

またかけます。

마따 카께마스

🔸 내가 나중에 전화할게.

私が後で電話する。

와따시가 아또데 뎅와스루

🔸 나중에 전화 드리겠습니다.

後でお電話を差し上げます。

아또데 오뎅와오 사시아게마스

🔸 제가 잠시 후에 다시 전화하겠습니다.

私がしばらく後にまた電話します。

와따시가 시바라꾸 아또니 마따 뎅와시마스

のちほど折り返しお電話さし上げます。

노찌호도 오리까에시 오뎅와사시아게마스

🔸 죄송하지만, 10분 후에 다시 전화해 주시겠습니까?

すみませんが、十分後におかけ直しいただけますか。

스미마셍가, 쥬뿐고니 오까께나오시이따다께마스까

77

전화를 받을 수 없을 때

💬 통화 중입니다.

話 中です。
<small>はなしちゅう</small>
하나시쮸-데스

💬 그는 지금 없는데요.

彼は今いません。
<small>かれ いま</small>
카레와 이마 이마셍

💬 죄송합니다만, 그는 방금 나가셨어요.

すみませんが、彼はただいま出ています。
<small>かれ で</small>
스미마셍가, 카레와 타다이마 데떼 이마스

💬 지금, 자리를 비우시고 안 계십니다만.

ただいま、席をはずしておりますが。
<small>せき</small>
타다이마, 세끼오 하즈시떼 오리마스가

💬 지금, 외출하셨습니다만.

ただいま、出かけておりますが。
<small>で</small>
타다이마, 데까께떼 오리마스가

💬 지금, 해외출장 중입니다.

今、海外出張中でございます。

이마, 카이가이 슛쵸-쮸-데고자이마스

💬 지금, 휴가 중입니다.

今、休暇中です。

이마, 큐-까쮸-데스

💬 점심 식사 나가셨습니다.

昼食に出ています。

츄-쇼꾸니 데떼 이마스

💬 이미 퇴근하셨습니다.

すでに退勤いたしました。

스데니 타이낑이따시마시따

💬 다른 전화를 받고 있습니다.

他の電話をとっております。

호까노 뎅와오 톳떼 오리마스

💬 지금 통화 중입니다만.

ただいま電話中ですが。
<small>でんわ ちゅう</small>

타다이마 뎅와쮸-데스가

💬 죄송하지만, 좀 있다 다시 전화 주시겠습니까?

申し訳ありませんが、少ししてから、おかけ直しいただけますか。
<small>もう わけ　　　　　　　すこ　　　　　なお</small>

모-시와께아리마셍가, 스꼬시시떼까라,
오까께나오시이따다께마스까

💬 오래 통화할 수 없어요.

長電話はできません。
<small>なが でんわ</small>

나가뎅와와 데끼마셍

💬 전화 오면 나 없다고 해 줘요.

電話が来たら私はいないと言ってください。
<small>でんわ　 き　　 わたし　　　　　　　 い</small>

뎅와가 키따라 와따시와 이나이또 잇떼 쿠다사이

통화 상태가 안 좋을 때

💬 전화가 끊기는 것 같은데요.

電話が切れてしまいますね。

뎅와가 키레떼 시마이마스네

💬 잘 안 들려요.

よく聞こえないです。

요꾸 키꼬에나이데스

💬 전화가 먼데요.

電話が遠いです。

뎅와가 토-이데스

→ 전화감이 멀어 잘 안 들릴 때

💬 전화가 감이 멀어 잘 들리지 않습니다.

電話が遠くて聞こえません。

뎅와가 토-꾸떼 키꼬에마셍

💬 이야기 중에 전화가 끊어졌습니다.

話 中に電話が切れました。

하나시쮸-니 뎅와가 키레마시따

💬 전화가 혼선된 것 같습니다.

電話が混線しているようです。
뎅와가 콘센시떼 이루요-데스

💬 전화가 불통이 되었습니다.

電話が不通になりました。
뎅와가 후쯔-니 나리마시따

전화 메시지 관련

💬 타카하시가 전화했었다고 전해 주세요.

高橋が電話したと伝えてください。
타까하시가 뎅와시따또 츠따에떼 쿠다사이

💬 전화하라고 전해 주세요.

電話して欲しいと伝えてください。
뎅와시떼 호시-또 츠따에떼 쿠다사이

💬 1234-5678로 전화하라고 전해 주세요.

1234-5678に電話して欲しいと伝えてください。
이찌니상용노 고로꾸나나하찌니 뎅와시떼 호시-또 츠따에떼 쿠다사이

💬 제가 전화했었다고, 그에게 전해 주세요.

私から電話があったと、彼に伝えてください。
와따시까라 뎅와가 앗따또, 카레니 츠따에떼 쿠다사이

💬 당신을 찾는 전화가 걸려 왔습니다.

あなたに電話がかかってきました。
아나타니 뎅와가 카깟떼 키마시따

잘못 걸려 온 전화

💬 잘못 거셨어요.

おかけ間違いですよ。
오까께마찌가이데스요

💬 그런 사람 없어요.

そのような者はこちらにはおりません。

소노요-나 모노와 코찌라니와 오리마셍

💬 몇 번에 거셨어요?

どちらにおかけになりましたか。

도찌라니 오까께니 나리마시따까

💬 잘못 거신 것이 아니세요?

お間違えではないでしょうか。

오마찌가에데와 나이데쇼-까

💬 전화번호를 다시 한 번 확인해 주세요.

電話番号をもう一度チェックしてみてください。

뎅와방고-오 모-이찌도 첵쿠시떼 미떼 쿠다사이

💬 제가 전화를 잘못 걸었습니다.

かけ間違えてしまいました。

카께마찌가에떼 시마이마시따

전화를 끊을 때

💬 곧 다시 통화하자.

また話(はな)そう。

마따 하나소-

💬 전화해 줘서 고마워.

電話(でんわ)してくれてありがとう。

뎅와시떼 쿠레떼 아리가또

💬 연락하는 것 잊지 마.

連絡(れんらく)すること忘(わす)れないで。

렌라꾸스루 코또 와스레나이데

💬 언제든 내게 연락해.

いつでも私(わたし)に連絡(れんらく)して。

이쯔데모 와따시니 렌라꾸시떼

💬 내일 저녁에 전화할게요.

明日(あした)の夕方(ゆうがた)に電話(でんわ)します。

아시따노 유-가따니 뎅와시마스

💬 도착하면 꼭 전화하라고 몇 번씩 당부했다.

到着したら必ず電話するように何度も念を押した。

토-짜꾸시따라 카나라즈 뎅와스루요-니 난도모 넹오 오시따

전화 관련 기타

💬 전화 좀 받아 주세요.

電話にちょっと出てください。

뎅와니 춋또 데떼 쿠다사이

💬 제가 전화를 받을게요.

私が電話に出ます。

와따시가 뎅와니 데마스

💬 전화를 안 받는데요.

電話に出ませんが。

뎅와니 데마셍가

💬 공중전화는 어디 있어요?

公衆電話はどこにありますか。

코-슈-뎅와와 도꼬니 아리마스까

💬 전화번호부 있어요?

電話帳ありますか。

뎅와쬬- 아리마스까

💬 지금 거신 번호는 현재 사용되고 있지 않습니다.

今お掛けになった番号は現在使われておりません。

이마 오까께니 낫따 방고-와 겐자이 츠까와레떼 오리마셍

💬 전화를 막 하려던 참이에요.

電話をしようと思ったところです。

뎅와오 시요-또 오못따 토꼬로데스

Chapter 2
무슨 말을 꺼낼까?

Unit 1 하루 생활
Unit 2 집
Unit 3 운전 & 교통

Unit 1 하루 생활

MP3. C2_U1

일어나기

💬 빨리 일어나세요.

早く起きなさい。

하야꾸 오끼나사이

💬 이제 일어날 시간이야!

もう起きる時間よ!

모- 오끼루 지깡요!

💬 일어났어?

起きたの?

오끼따노?

💬 조금만 더 자게 해 주세요.

もうちょっと寝かせてください。

모- 춋또 네까세떼 쿠다사이

💬 깨어났니?

目は覚めてる?

메와 사메떼루?

💬 아직 안 일어나?

まだ起きないの？
마다 오키나이노?

💬 이제 슬슬 일어나야지.

もうそろそろ起きなきゃいけない。
모– 소로소로 오끼나꺄 이께나이

💬 겨우 일어났구나.

ようやく起きたね。
요–야꾸 오끼따네

💬 막 일어났어요.

ちょうど今起きました。
쵸–도 이마 오끼마시따

たったいま起きました。
탓따이마 오끼마시따

💬 일어나, 늦겠어.

起きなさい、遅れるよ。
오끼나사이, 오쿠레루요

💬 이런, 늦잠을 잤어.

おや、寝坊(ねぼう)した。
오야, 네보-시따

💬 너무 자 버렸어.

寝(ね)てしまった。
네떼 시맛따

寝過(ねす)ごしちゃった。
네스고시쨧따

💬 왜 안 깨웠어요?

どうして起(お)きなかったんですか。
도-시떼 오끼나깟딴데스까

기상하기

💬 내일 아침에는 일찍 깨워 주세요.

明日(あした)の朝(あさ)、早(はや)く起(お)こしてください。
아시따노 아사, 하야꾸 오꼬시떼 쿠다사이

💬 전 아침 일찍 눈을 떠요.

私は朝早く目を覚まします。
와따시와 아사 하야꾸 메오 사마시마스

💬 난 아침형 인간이야.

私は朝型人間だ。
와따시와 아사가따 닝겐다

💬 난 보통 아침 6시에 일어납니다.

私は普通朝6時に起きます。
와따시와 후쯔- 아사 로꾸지니 오끼마스

💬 평소보다 일찍 일어났어.

いつもより早起きした。
이쯔모요리 하야오끼시따

💬 가끔 아침에 일어나는 것이 힘들어요.

たまに朝起きるのが大変です。
타마니 아사 오끼루노가 타이헨데스

💬 전 모닝콜이 필요해요.

私はモーニングコールがかかせません。

와따시와 모-닝구코-루가 카까세마셍

💬 난 알람 소리에 잠이 깹니다.

私はアラームの音で目を覚まします。

와따시와 아라-무노 오또데 메오 사마시마스

💬 자명종을 맞춰 놓았지만 일어나지 못했어요.

目覚まし時計をかけたけど、起きられなかったです。

메자마시도께-오 카께따께도, 오끼라레나깟따데스

💬 자명종 소리를 전혀 듣지 못했어요.

目覚まし時計の音が全く聞こえなかったです。

메자마시도께-노 오또가 맛따꾸 키꼬에나깟따데스

💬 자명종 맞추는 것을 잊었어요.

目覚まし時計をかける事を忘れていました。

메자마시도께-오 카께루 코또오 와스레떼 이마시따

세면

💬 손을 씻으세요.

手を洗ってください。

테오 아랏떼 쿠다사이

💬 얼굴을 잘 씻어라.

ちゃんと顔を洗いなさい。

챤또 카오오 아라이나사이

💬 세수하면, 잠이 깰 거야.

顔を洗ったら、目が覚めるよ。

카오오 아랏따라, 메가 사메루요

💬 벌써 세수했어?

もう顔を洗ったの？
모- 카오오 아랏따노?

💬 찬물로 세수했어요.

冷たい水で顔を洗いました。
츠메따이 미즈데 카오오 아라이마시따

💬 얼굴 닦는 수건을 집어 줄래?

顔をふくタオルを取ってくれない？
카오오 후꾸 타오루오 톳떼 쿠레나이?

💬 세수를 했더니 산뜻해.

顔を洗ったら、さっぱりしたよ。
카오오 아랏따라, 삽빠리시따요

💬 비누가 눈에 들어가버렸어.

石けんが目に入っちゃった。
섹껭가 메니 하잇쨧따

💬 여드름 예방 세안제를 쓰고 있어요.

にきび予防の洗顔料を使っています。

니끼비 요보-노 셍간료-오 츠깟떼 이마스

💬 하루에 세 번 이를 닦자.

一日に三回は歯を磨こう。

이찌니찌니 상까이와 하오 미가꼬-

💬 식후에 이를 닦아.

食後に歯磨きをする。

쇼꾸고니 하미가끼오 스루

💬 새 칫솔을 쓸게.

新しい歯ブラシを使おう。

아따라시- 하부라시오 츠까오-

샤워

💬 저는 매일 아침에 머리를 감아요.

私(わたし)は毎朝(まいあさ)シャンプーしています。
와따시와 마이아사 샴푸-시떼 이마스

💬 아침에는 머리 감을 시간이 없어서 주로 저녁에 감아요.

朝(あさ)シャンする時間(じかん)がないから主(おも)に夕方(ゆうがた)に洗(あら)います。
아사샹스루 지깡가 나이까라 오모니 유-가따니 아라이마스

💬 난 매일 샤워를 해요.

私(わたし)は毎日(まいにち)シャワーをします。
와따시와 마이니찌 샤와-오 시마스

💬 그는 서둘러 샤워를 하고 있었다.

彼(かれ)は急(いそ)いでシャワーを浴(あ)びていた。
카레와 이소이데 샤와-오 아비떼 이따

💬 너무 더워서 샤워를 했습니다.

あまりにもあついのでシャワーを浴びました。

아마리니모 아쯔이노데 샤와-오 아비마시따

목욕

💬 욕실을 좀 써도 될까요?

浴室をちょっと借りてもいいですか。

요꾸시쯔오 춋또 카리떼모 이-데스까

💬 목욕하고 있어.

お風呂に入ってるよ。

오후로니 하잇떼루요

💬 벌써 목욕했니?

もうお風呂はすんだの？

모- 오후로와 슨다노?

💬 목욕, 먼저 하세요.

お風呂、お先にどうぞ。
오후로, 오사끼니 도-조

💬 빨리 목욕해라.

早くお風呂に入りなさい。
하야꾸 오후로니 하이리나사이

💬 너무 오래 목욕했어.

長風呂した。
나가부로시따

💬 목욕물 온도가 알맞았어.

いい湯加減だった。
이- 유까겐닷따

💬 목욕물이 좀 식었어.

お湯が少し冷めていた。
오유가 스꼬시 사메떼 이따

💬 미지근한 물이 좋아.

ぬるめのお湯がいい。
누루메노 오유가 이-

💬 목욕물을 데워 주세요.

風呂をたいてください。
후로오 타이떼 쿠다사이

💬 공중목욕탕에 가 본 적 있어요?

風呂屋に行ったことがありますか。
후로야니 잇따 코또가 아리마스까

💬 냉수로 목욕하는 것은 건강에 좋다.

冷水浴をすることは健康にいい。
레-스이요꾸오 스루 코또와 켕꼬-니 이-

💬 목욕을 먼저 하라고 서로 사양하는 사이에
목욕물은 식어 버린다.

ゆの辞儀は水になる。
유노 지기와 미즈니 나루

↳ 사양도 때와 경우에 따라 해야 한다는 의미입니다.

식사 - 일반

💬 편식하면 안 돼.

偏食してはいけない。
헨쇼꾸시데와 이께나이

💬 남기지 말고 다 먹어.

残さずにすべて食べて。
노꼬사즈니 스베떼 타베떼

💬 밥 더 줄까?

おかわりする？
오까와리스루?

💬 다 먹었어?

食べ終わったの？
타베오왓따노?

💬 식사라도 합시다.

食事でもしましょう。
쇼꾸지데모 시마쇼-

💬 난 말이야, 밥보다 술이 더 좋은데.

僕はさあ、飯より酒の方がいい。
보꾸와 사ー, 메시요리 사께노 호ー가 이ー

💬 식사를 간단히 마쳤다.

食事を簡単にしました。
쇼꾸지오 칸딴니 시마시따

아침 식사

💬 아침 식사 다 됐어요!

朝飯の用意[支度]できました！
아사고항노 요ー이[시따꾸] 데끼마시따!

💬 아침 식사는 토스트와 커피로 정해 놓고 있습니다.

朝飯はトーストとコーヒーにきめています。
쵸ー쇼꾸와 토ー스토또 코ー히ー니 키메떼 이마스

💬 어머니는 아침 식사를 차리고 있어요.

母は朝飯の仕度をしています。
하하와 아사메시노 시따꾸오 시떼 이마스

💬 난 절대로 아침을 거르지 않아.

私は絶対に朝食を欠かさないの。
와따시와 젯따이니 쵸-쇼꾸오 카까사나이노

💬 오늘은 아침을 먹을 기분이 아니야.

今日は朝食を食べる気分じゃない。
쿄-와 쵸-쇼꾸오 타베루 키분쟈나이

💬 직접 밥을 떠 담으세요.

自分でご飯をもってください。
지분데 고항오 못떼 쿠다사이

점심 식사

💬 점심 먹으래.

昼ご飯にしなさいって。
히루고한니 시나사잇떼

💬 지금, 점심 식사 준비를 하고 있어요.

今、昼食のしたくをしてます。

이마, 츄-쇼꾸노 시따꾸오 시떼마스

💬 점심을 먹지 않아 뱃속에서 쪼르륵 소리가 나요.

昼食を食べなかったのでおなかがぐうぐういいます。

츄-쇼꾸오 타베나깟따노데 오나까가 구-구- 이-마스

💬 점심 값은 각자 부담하죠.

昼食代を割り勘にしましょう。

츄-쇼꾸다이오 와리깐니 시마쇼-

💬 삼삼오오 앉아 점심을 먹었습니다.

仲間同じして座って昼食をとりました。

나까마오나지시떼 스왓떼 츄-쇼꾸오 토리마시따

💬 점심을 준비해 놓고 기다리고 있었는데.

昼食を用意して待っているのに。

츄-쇼꾸오 요-이시떼 맛떼 이루노니

105

저녁 식사 & 기타

💬 평소보다 간단하게 저녁을 먹읍시다.

いつもよりかるめの夕食をとりましょう。

이쯔모요리 카루메노 유-쇼꾸오 토리마쇼-

💬 오늘 저녁 반찬은 뭐야?

今日夕食のおかずは何？

쿄- 유-쇼꾸노 오까즈와 나니?

💬 아내가 저녁 밥상을 차리고 있다.

妻が夕食を作っている。

츠마가 유-쇼꾸오 츠꿋데 이루

💬 우리는 저녁 식사에 초대 받았다.

私たちは夕食によばれました。

와따시따찌와 유-쇼꾸니 요바레마시따

💬 간식을 주세요.

おやつをちょうだい。

오야쯔오 쵸-다이

💬 식후의 디저트는 뭐가 좋을까요?

食後のデザートは何がいいですか。
쇼꾸고노 데자-토와 나니가 이-데스까

옷 입기

💬 오늘은 뭘 입지?

今日は何を着る？
쿄-와 나니오 키루?

💬 어떤 넥타이를 매지?

どんなネクタイをする？
돈나 네쿠타이오 스루?

💬 그건 옷에 어울리지 않는 넥타이예요.

それは服に合わないネクタイです。
소레와 후꾸니 아와나이 네쿠타이데스

💬 오늘은 머리부터 발끝까지 검은 옷으로 입었어.

今日は頭から足先まで黒い服を着た。

쿄-와 아따마까라 아시사끼마데 쿠로이 후꾸오 키따

💬 넌 아침에, 거울 앞에서 보내는 시간이 너무 길어.

お前は朝、鏡の前で過ごす時間が長すぎだ。

오마에와 아사, 카가미노 마에데 스고스 지깡가 나가스기다

💬 그는 항상 똑같은 옷을 입고 있다.

彼はいつも同じ服を着ている。

카레와 이쯔모 오나지 후꾸오 키떼 이루

💬 넌 밝은색의 옷이 어울려.

お前は明るい色の服が似合うね。

오마에와 아까루이 이로노 후꾸가 니아우네

💬 이 옷은 맵시 있게 입기 힘들다.

この服は着こなしが難しい。

코노 후꾸와 키꼬나시가 무즈까시-

💬 아이가 옷을 입을 수 있도록 좀 도와주세요.

子供が服を着がえるのをちょっと手伝ってください。
코도모가 후꾸오 키가에루노오 춋또 테쯔닷떼 쿠다사이

💬 이것은 몸에 딱 맞는 옷이야.

これはぴったりと体に合う服だ。
코레와 핏따리 카라다니또 아우 후꾸다

💬 그 원피스는 꼭 끼는 옷이에요.

そのワンピースは窮屈です。
소노 왐피-스와 큐-꾸쯔데스

TV 시청

💬 오늘 밤 TV에서 뭐 하지?

今晩テレビで何をやる?
콤방 테레비데 나니오 야루?

💬 NHK 채널에서 뭐 하지?

NHKチャンネルでは何(なに)やってる?
에누엣치케- 챤네루데와 나니 얏떼루?

↳ NHK는 1925년에 설립된 '일본 방송 협회'

💬 이것은 장수 프로그램입니다.

これは長寿番組(ちょうじゅばんぐみ)です。
코레와 쵸-쥬 방구미데스

💬 지금, 인기 드라마 할 시간이다.

ちょうど今(いま)、人気(にんき)ドラマの時間(じかん)だ。
쵸-도 이마, 닝끼 도라마노 지깐다

💬 채널 좀 바꾸자.

チャンネルちょっと変(か)えよう。
챤네루 춋또 카에요-

💬 채널 돌리지 마.

チャンネル変(か)えすぎだよ。
챤네루 카에스기다요

チャンネル変えるのやめなさい。
챤네루 카에루노 야메나사이

💬 리모컨 좀 갖다줄래요?

リモコンちょっと持ってきてくれますか。
리모콩 춋또 못떼 키떼 쿠레마스까

💬 TV 소리를 줄여 주세요.

テレビの音を小さくしてください。
테레비노 오또오 치-사꾸시떼 쿠다사이

💬 TV 소리를 크게 해 주세요.

テレビの音を大きくしてください。
테레비노 오또오 오-끼꾸시떼 쿠다사이

💬 이제 TV를 꺼라.

もうテレビを消しなさい。
모- 테레비오 케시나사이

💬 저녁을 먹으면서 TV를 보고 있습니다.

夕飯を食べながらテレビを見ています。

유-항오 타베나가라 테레비오 미떼 이마스

잠자리 들기

💬 자, 잠잘 시간이야.

もう、寝る時間だ。
모-, 네루 지깐다

💬 난 이제 잘게요.

私はこれから寝ます。
와따시와 코레까라 네마스

💬 잠자리를 준비할까요?

布団を敷きましょうか。
후똥오 시끼마쇼-까

💬 애를 좀 재워 줄래요?

子供をちょっと寝かしつけてくれますか。

코도모오 춋또 네까시쯔께떼 쿠레마스까

💬 아직 안 자니? 곧 자정이야.

まだ寝てないの？もう零時だよ。

마다 네떼 나이노? 모- 레-지다요

💬 불을 꺼 줄래요?

電気を消してくれますか。

뎅끼오 케시떼 쿠레마스까

💬 어제는 일찍 잤어요.

昨日は早く寝ました。

키노-와 하야꾸 네마시따

💬 잠이 잘 안 와.

寝付きが悪い。

네쯔끼가 와루이

💬 잠이 잘 와.

寝付きがよい。
네쯔끼가 요이

💬 언제까지 안 잘 거야?

いつまで起きているの?
이쯔마데 오끼떼 이루노?

💬 일찍 자거라.

早く寝なさい。
하야꾸 네나사이

💬 아직 안 졸려.

まだ寝たくない。
마다 네따꾸나이

💬 그는 슬슬 잠이 들어버렸다.

彼はゆっくり眠ってしまった。
카레와 육꾸리 네뭇떼 시맛따

💬 어제는 피곤해서 초저녁부터 잠들었어.

昨日は疲れて宵の口から眠り込んだ。

키노-와 츠까레떼 요이노 쿠찌까라 네무리꼰다

💬 그때 낮잠을 자고 있었어요.

その時昼寝をしていました。

소노 토끼 히루네오 시떼 이마시따

💬 단잠을 자고 있었는데.

ぐっすり眠っていたのに。

굿스리 네뭇떼 이따노니

熟睡してたのに。

쥭스이시떼따노니

💬 그는 항상 이불을 뒤집어쓰고 잔다.

彼はいつも布団をかぶって寝る。

카레와 이쯔모 후똥오 카붓떼 네루

💬 대자로 뻗어 자고 있습니다.

大の字になって寝ています。
다이노 지니 낫떼 네떼 이마스

💬 아기가 엎드려 자고 있어요.

赤ちゃんがうつぶせになって寝ています。
아까짱가 우쯔부세니 낫떼 네떼 이마스

💬 엄마는 팔베개를 하고 주무시고 있습니다.

母はひじ枕で寝ています。
하하와 히지마꾸라데 네떼 이마스

잠버릇

💬 남편은 잠버릇이 나빠요.

夫は寝癖が悪いです。
옷또와 네구세가 와루이데스

💬 그는 밤새도록 코를 골아요.

彼は夜通しいびきをかきます。

카레와 요도-시 이비끼오 카끼마스

💬 그는 잠들자마자 코를 골기 시작했다.

彼は寝るやいなやいびきをかき始めた。

카레와 네루야이나야 이비끼오 카끼하지메따

💬 이노우에 씨는 잠꼬대 하는 버릇이 있어요.

井上さんは寝言を言う癖があります。

이노우에상와 네고또오 이우 쿠세가 아리마스

💬 그녀는 잘 때 이를 갈아요.

彼女は寝る時歯ぎしりをします。

카노죠와 네루 토끼 하기시리오 시마스

💬 아내는 자다가 자꾸 뒤척거려요.

妻は寝ながらしきりに寝がえりを打ちます。

츠마와 네나가라 시끼리니 네가에리오 우찌마스

💬 저는 자면서 몸부림이 심해요.

私は眠りながら寝がえりをひどく打ちます。

와따시와 네무리나가라 네가에리오 히도꾸 우찌마스

私は眠りながらよく寝返りを打ちます。

와따시와 네무리나가라 요꾸 네가에리오 우찌마스

💬 가위 눌렸어.

夢でうなされていたよ。

유메데 우나사레떼 이따요

💬 난 반듯이 누워서 자.

私はあおむけで寝る。

와따시와 아오무께데 네루

💬 베개가 바뀌면, 잠을 못 자.

枕が変わると、眠れない。
마꾸라가 카와루또, 네무레나이

숙면

💬 아직 졸려.

まだ眠い。
마다 네무이

💬 나 때문에 깬 거야?

私のせいで起きたの?
와따시노 세-데 오끼따노?

💬 어제 밤을 새웠어.

夕べ夜ふかししました。
유-베 요후까시시마시따

💬 어젯밤, 몇 시에 잤니?

夕べ、何時に寝たの?
유-베, 난지니 네따노?

💬 잔 것 같지 않아.

寝た気がしない。
네따 키가 시나이

💬 잘 자지 못했어.

あまり眠れなかった。
아마리 네무레나깟따

💬 수면 부족이야.

睡眠不足だ。
스이민부소꾸다

💬 어젯밤에는 잘 잤어요.

夕べはよく寝ました。
유-베와 요꾸 네마시따

💬 난 잠을 잘 못 자요.

私はよく眠れません。
와따시와 요꾸 네무레마셍

💬 요즘 잠을 잘 못 자요.

最近あまり眠れないです。
사이낑 아마리 네무레나이데스

💬 그가 코를 고는 바람에 잠을 잘 수 없었어요.

彼がいびきをかくせいで眠れませんでした。
카레가 이비끼오 각세-데 네무레마센데시따

💬 피로를 푸는 가장 좋은 방법은 숙면이죠.

疲れを解す一番いい方法は熟睡することですね。
츠까레오 호구스 이찌방 이- 호-호-와 죽스이스루 코또데스네

💬 숙면한 덕에 피로가 풀렸습니다.

ぐっすり眠ったおかげで疲れがとれました。
굿스리 네뭇따 오까게데 츠까레가 토레마시따

꿈

💬 잘 자, 좋은 꿈 꿔!

おやすみ、いい夢を見てね!

오야스미, 이- 유메오 미떼네!

💬 난 가끔 그의 꿈을 꿔.

私はたまに彼の夢を見る。

와따시와 타마니 카레노 유메오 미루

💬 어제 이상한 꿈을 꿨어.

昨日おかしい夢を見た。

키노- 오까시- 유메오 미따

💬 악몽을 꿨어요.

悪夢を見ました。

아꾸무오 미마시따

💬 그는 가끔 악몽에 시달립니다.

彼は時々悪夢にうなされます。

카레와 토끼도끼 아꾸무니 우나사레마스

💬 당신의 꿈은 흑백인가요, 컬러인가요?

あなたの夢は白黒ですか、カラーですか。

아나따노 유메와 시로꾸로데스까, 카라-데스까

Unit 2 집

화장실 사용

💬 화장실이 어디죠?

トイレはどこですか。
토이레와 도꼬데스까

💬 화장실 좀 다녀올게.

トイレちょっと行って来る。
토이레 쵸또 잇떼 쿠루

💬 난 화장실에 자주 가.

私はトイレが近い。
와따시와 토이레가 치까이

💬 화장실에 잠시 들렀어요.

トイレにちょっと立ち寄りました。
토이레니 쵸또 타찌요리마시따

💬 화장실에 누가 있어.

トイレに誰かいるよ。
토이레니 다레까 이루요

💬 화장실은 자주 청소합니까?

トイレはよく掃除しますか。
토이레와 요꾸 소-지시마스까

화장실 문제

💬 수도꼭지가 안 잠겨요.

蛇口が締まりません。
쟈구찌가 시마리마셍

💬 화장실 물이 안 빠져.

トイレの水が流れないよ。
토이레노 미즈가 나가레나이요

💬 화장실 물이 안 멈춰.

トイレの水が止まらない。
토이레노 미즈가 토마라나이

💬 변기가 막혔어요.

便器が詰まりました。
벵끼가 츠마리마시따

125

💬 화장실 배수관이 막혔어요.

トイレの配水管が詰まりました。
토이레노 하이스이깡가 츠마리마시따

💬 화장지가 떨어진 것 같아.

トイレの紙がなくなったそうだ。
토이레노 카미가 나꾸낫따 소-다

💬 화장실 전등이 나갔어.

トイレの電球が切れた。
토이레노 뎅뀨-가 키레따

화장실 에티켓

💬 물 내리는 것을 잊지 마.

便器の水を流すことを忘れるな。
벵끼노 미즈오 나가스 코또오 와스레루나

💬 사용한 휴지는 휴지통에 넣어 주세요.

使った紙はごみ箱に入れてください。

츠깟따 카미와 고미바꼬니 이레떼 쿠다사이

💬 휴지는 휴지통에.

ごみはごみ箱に。

고미와 고미바꼬니

💬 이물질을 변기에 버리지 마시오.

ごみを便器に捨てないでください。

고미오 벵끼니 스떼나이데 쿠다사이

💬 화장지를 아껴 씁시다.

トイレットペーパーを節約して使いましょう。

토이렛토페-파-오 세쯔야꾸시떼 츠까이마쇼-

💬 화장실에 담배꽁초를 버리지 마세요.

トイレに吸殻を捨てないでください。
<ruby>吸殻<rt>すいがら</rt></ruby> <ruby>捨<rt>す</rt></ruby>

토이레니 스이가라오 스떼나이데 쿠다사이

소변 & 대변

💬 그는 화장실에서 소변을 봤습니다.

彼はトイレで小便をしました。
<ruby>彼<rt>かれ</rt></ruby> <ruby>小便<rt>しょうべん</rt></ruby>

카레와 토이레데 쇼-벵오 시마시따

💬 소변 금지!

小便禁止!
<ruby>小便<rt>しょうべん</rt></ruby> <ruby>禁止<rt>きんし</rt></ruby>

쇼-벵 킨시!

💬 화장실에서 대변을 보았다.

トイレで大便をしました。
<ruby>大便<rt>だいべん</rt></ruby>

토이레데 다이벵오 시마시따

トイレで排便しました。
<ruby>排便<rt>はいべん</rt></ruby>

토이레데 하이벤시마시따

💬 대변이 마려워요.

便意を催します。
べんい　もよお

벵이오 모요오시마스

💬 그는 대변보러 화장실에 갔다.

彼は大便しにトイレへ行った。
かれ　だいべん　　　　　　い

카레와 다이벤시니 토이레에 잇따

💬 사흘 동안 변을 보지 못했어요.

三日間お通じがなかったです。
みっかかん　つう

믹까깡 오쯔-지가 나깟따데스

거실

💬 거실이 좀 더 넓으면 좋겠어요.

リビング[居間]がもうちょっと広ければいいです。
いま　　　　　　　　　　　　　ひろ

리빙구[이마]가 모- 춋또 이로꼐레바 이-데스

💬 거실에는 TV가 있어요.

リビングにはテレビがあります。
리빙구니와 테레비가 아리마스

💬 거실에 소파 베드가 있습니다.

リビングにソファーベッドがあります。
리빙구니 소화-벳도가 아리마스

💬 우리 집 거실은 너무 복잡해.

家のリビングは物が多すぎだ。
이에노 리빙구와 모노가 오-스기다

💬 소파에 편하게 앉아 있습니다.

ソファーにゆったり座っています。
소화-니 육따리 스왓떼 이마스

💬 집에 홈시어터를 설치해서 영화를 볼 거예요.

家にホームシアターを設置して映画を見るつもりです。
이에니 호-무시아타-오 셋찌시떼 에-가오 미루 츠모리데스

💬 최근 거실에 홈시어터를 설치했어요.

**最近リビングにホームシアターを
設置しました。**
<small>さいきん / せっち</small>
사이낑 리빙구니 호-무시아타-오 셋찌시마시따

💬 거실의 그림을 바꿔 걸었습니다.

リビングの絵をかけかえました。
<small>え</small>
리빙구노 에오 카께까에마시따

💬 부엌 일을 끝내고 겨우 거실에 앉았어요.

**台所のかたづけ物を済ませてやっと
リビングで座りました。**
<small>だいどころ / もの / す / すわ</small>
다이도꼬로노 카따즈께모노오 스마세떼 얏또
리빙구데 스와리마시따

💬 방 두 개에 거실과 식당 겸용 주방이 딸린
구조입니다.

2LDKです。
니에루디-케-데스

부엌용품

💬 이 아파트의 부엌은 모든 설비가 갖춰져 있어요.

このアパートの台所はすべての設備が揃っています。

코노 아파-토노 다이도꼬로와 스베떼노 세쯔비가 소롯떼 이마스

💬 냄비는 찬장에 가지런히 놓여 있어요.

鍋は戸棚にきちんと置かれています。

나베와 토다나니 키찐또 오까레떼 이마스

💬 프라이팬은 크기별로 정리되어 있어요.

フライパンはサイズ[大きさ]どおり整理されています。

후라이팡와 사이즈[오-끼사]도-리 세-리사레떼 이마스

💬 이 그릇은 조심해서 다뤄야 해요.

この器は気をつけて扱わなければなりません。

코노 우쯔와와 키오 츠께떼 아쯔까와나께레바 나리마셍

💬 프라이팬은 오래 쓸수록 길들여져서 쓰기에 좋아요.

フライパンは長く使うほどよくなじみます。

후라이팡와 나가꾸 츠까우호도 요꾸 나지미마스

냉장고

💬 남은 음식은 냉장고에 넣어둘게요.

残った食べ物は冷蔵庫に入れて置きます。

노꼿따 타베모노와 레-조-꼬니 이레떼 오끼마스

💬 우리 집 냉장고는 인스턴트 식품으로 가득 차 있어요.

私の家の冷蔵庫はインスタント食料品でいっぱいです。

와따시노 이에노 레-조-꼬와 인스탄토 쇼꾸료-힌데 입빠이데스

💬 이 냉장고는 용량이 어떻게 되나요?

この冷蔵庫はどのくらいの用量ですか。

코노 레-조-꼬와 도노꾸라이노 요-료-데스까

💬 우리 집 냉장고의 용량은 약 700리터예요.

私の家の冷蔵庫の用量は約700リットルです。

와따시노 이에노 레-조-꼬노 요-료-와 야꾸 나나햐꾸릿토루데스

전자레인지 & 가스레인지

💬 전자레인지는 현대인의 주방 필수품이 되었어요.

電子レンジは現代人のキッチン必需品になりました。

덴시렌지와 겐다이진노 킷칭 히쯔쥬힌니 나리마시따

💬 전자레인지는 음식을 조리하는 시간을 줄여줘요.

電子レンジは食べ物を料理する時間を減らしてくれます。

덴시렌지와 타베모노오 료-리스루 지깡오 헤라시떼 쿠레마스

電子レンジは食べ物の調理時間を減らしてくれます。

덴시렌지와 타베모노노 쵸-리지깡오 헤라시떼 쿠레마스

💬 전자레인지에 금속으로 된 그릇을 넣으면 안 됩니다.

電子レンジに金属製の器を入れてはいけません。

덴시렌지니 킨조꾸세-노 우쯔와오 이레떼와 이께마셍

💬 유코는 가스레인지를 켜고 있었다.

裕子はガスレンジをつけてました。

유-꼬와 가스렌지오 츠께떼마시따

요리 준비

💬 저녁을 준비하는 중이에요.

夕食を用意してます。

유-쇼꾸오 요-이시떼마스

💬 오늘 저녁은 뭐야?

今晩の食事は何なの?

콤반노 쇼꾸지와 난나노?

💬 10분 있으면 저녁이 준비될 거야.

十分あれば夕食が準備できるわ。

쥽뿡 아레바 유-쇼꾸가 쥼비데끼루와

💬 곧 저녁을 할 테니까, 기다릴 수 있지?

すぐ夕食作るから、待ってられる?

스구 유-쇼꾸 츠꾸루까라, 맛떼라레루?

💬 간단하고 빠르게 준비할 수 있는 요리는 뭔가요?

簡単で早く準備できる料理は何ですか。

칸딴데 하야꾸 쥼비데끼루 료-리와 난데스까

💬 식탁 차리는 것 좀 도와줄래?

食事をテーブルにのせるのちょっと手伝ってくれる?

쇼꾸지오 테-부루니 노세루노 촛또 테쯔닷떼 쿠레루?

요리하기

💬 맛있는 냄새에 군침이 도는 걸.

おいしいにおいによだれが出るの。

오이시- 니오이니 요다레가 데루노

💬 저녁으로 불고기를 준비했어요.

夕食で焼肉を準備しました。

유-쇼꾸데 야끼니꾸오 쥼비시마시따

137

💬 오코노미야키는 어떻게 만들어요?

お好（この）み焼（や）きはどう作（つく）りますか。

오꼬노미야끼와 도- 츠꾸리마스까

💬 맛은 어때요?

味（あじ）はどうですか。

아지와 도-데스까

💬 맛 좀 봐 주세요.

味見（あじみ）をして[見（み）て]ください。

아지미오 시떼[미떼] 쿠다사이

💬 조미료를 넣지 않으면 맛이 안 나.

調味料（ちょうみりょう）を入（い）れないと味（あじ）がでない。

쵸-미료-오 이레나이또 아지가 데나이

💬 곁들임은 뭘 하지?

つけ合（あ）わせは何（なに）にしよう？

츠께아와세와 나니니 시요-?

💬 어머니가 쓰던 요리법을 사용했을 뿐이에요.

母が使ったレシピを使っただけです。

하하가 츠깟따 레시피오 츠깟따다께데스

💬 요리법 좀 가르쳐 줄래요?

レシピちょっと教えてくれますか。

레시피 춋또 오시에떼 쿠레마스까

💬 이 요리법대로만 따라 하세요.

このレシピどおりにつくってください。

코노 레시피도-리니 츠꿋떼 쿠다사이

💬 준비한 저녁을 맛있게 드세요.

準備した夕食を召し上がってください。

쥼비시따 유-쇼꾸오 메시아갓떼 쿠다사이

夕食を準備しましたので召し上がってください。

유-쇼꾸오 쥼비시마시따노데 메시아갓떼 쿠다사이

💬 이거, 어떻게 굽지?

これ、どうやって焼くの?
코레, 도-얏떼 야꾸노?

식사 예절

💬 잘 먹겠습니다.

いただきます。
이따다끼마스

💬 잘 먹었습니다.

こちそうさまでした。
코찌소-사마데시따

💬 식사 전에 손을 비누로 깨끗이 씻어라.

食事の前に手を石鹸できれいに洗いなさい。
쇼꾸지노 마에니 테오 섹껜데 키레-니 아라이나사이

💬 입에 음식을 넣은 채 말하지 마.

食(た)べ物(もの)を口(くち)に入(い)れたまま話(はな)すのは
やめなさい。

타베모노오 쿠찌니 이레따마마 하나스노와
야메나사이

💬 음식을 남기지 말고 다 먹도록 해.

食(た)べ物(もの)を残(のこ)さず全部(ぜんぶ)食(た)べなさい。

타베모노오 노꼬사즈 젬부 타베나사이

💬 식탁에서 팔꿈치를 올리면 안 돼요.

食卓(しょくたく)にひじを上(あ)げてはだめです。

쇼꾸따꾸니 히지오 아게떼와 다메데스

食卓(しょくたく)にひじをついてはだめです。

쇼꾸따꾸니 히지오 츠이떼와 다메데스

💬 식사를 마치면 포크와 나이프를 접시 위에
놓으세요.

食事(しょくじ)を終(お)えればフォークとナイフを
皿(さら)の上(うえ)に置(お)いてください。

쇼꾸지오 오에레바 호-쿠또 나이후오 사라노
우에니 오이떼 쿠다사이

💬 식탁에서 신문 읽는 것, 그만두면 안 돼요?

食卓で新聞を読むの、やめなさい。
쇼꾸따꾸데 심붕오 요무노, 야메나사이

💬 자리에서 먼저 일어나도 될까요?

先に失礼してもいいですか。
사끼니 시쯔레-시떼모 이-데스까

설거지

💬 식탁 좀 치워 줄래요?

食卓ちょっと片付けてくれますか。
쇼꾸따꾸 춋또 카따즈께떼 쿠레마스까

💬 그릇을 개수대에 넣어 줘.

器を流しに入れてくれる。
우쯔와오 나가시니 이레떼 쿠레루

💬 식탁을 치우고 그릇을 식기세척기에 넣어 줄래요?

食卓を片付けて器を食器洗浄器に入れてくれますか。

쇼꾸따꾸오 카따즈께떼 우쯔와오 쇽끼센죠-끼니 이레떼 쿠레마스까

💬 설거지는 내가 할게요.

皿洗いは私がします。

사라아라이와 와따시가 시마스

💬 그가 저 대신에 설거지를 할 거라고 했어요.

彼が私のかわりに皿洗いをすると言いました。

카레가 와따시노 카와리니 사라아라이오 스루또 이-마시따

위생

💬 그녀는 돌아오면 항상 손부터 씻어요.

彼女(かのじょ)は帰(かえ)るといつも手(て)から洗(あら)います。

카노죠와 카에루또 이쯔모 테까라 아라이마스

💬 독감 예방을 위해 가장 중요한 것은 바깥에서 돌아온 후에는 손을 씻는 것이에요.

インフルエンザ予防(よぼう)のために一番(いちばん)大切(たいせつ)なことは外(そと)から戻(もど)った後(あと)には手(て)を洗(あら)うことです。

잉후루엔자 요보-노 타메니 이찌방 타이세쯔나 코또와 소또까라 모돗따 아또니와 테오 아라우 코또데스

💬 그들은 위생 관념이 없어요.

彼(かれ)らは衛生観念(えいせいかんねん)がありません。

카레라와 에-세-깐넹가 아리마셍

💬 청결이 병을 예방하는 최선책이에요.

清潔が病気を予防する最善の方法です。
세-께쯔가 뵤-끼오 요보-스루 사이젠노 호-호-데스

청소

💬 방이 어질러졌네. 좀 치우도록 해.

部屋がちらかってるね。ちょっと片付けなさい。
헤야가 치라깟떼루네. 춋또 카따즈께나사이

💬 청소기를 돌려야겠어.

バキュームで掃除しましょう。
바큐-무데 소-지시마쇼-

電気掃除機で掃除しましょう。
뎅끼소-지끼데 소-지시마쇼-

💬 청소하는 것 좀 도와줄래?

掃除するのをちょっと手伝ってくれる?

소-지스루노오 춋또 테쯔닷떼 쿠레루?

💬 선반의 먼지 좀 털어 줄래?

棚のほこりちょっとh払いてくれる?

타나노 호꼬리 춋또 하따이떼 쿠레루?

💬 난 매달 한 번씩 집안 구석구석을 청소한다.

私は毎月一回ずつ家を隅々まで掃除する。

와따시와 마이쯔끼 익까이즈쯔 이에오 스미즈미마데 소-지스루

💬 매달 대청소를 한다.

毎月大掃除をする。

마이쯔끼 오-소-지오 스루

💬 온 가족이 총동원되어 대청소를 합니다.

一家そうがかりで大掃除をします。

익까소-가까리데 오-소-지오 시마스

💬 대청소로 하루가 고스란히 지나갔다.

大掃除でまる一日つぶれました。
오-소-지데 마루이찌니찌 츠부레마시따

💬 난 매일 방 청소를 합니다.

私は毎日部屋の掃除をします。
와따시와 마이니찌 헤야노 소-지오 시마스

💬 방 청소를 다시 했습니다.

部屋の掃除をやり直しました。
헤야노 소-지오 야리나오시마시따

💬 분담해서 방 청소를 시작합시다.

手分けして掃除を始めましょう。
테와께시떼 소-지오 하지메마쇼-

걸레질

💬 내가 청소기를 돌릴 테니, 당신은 걸레질을 해 줄래요?

私がバキュームで掃除するから、あなたは雑巾がけをしてくれますか。

와따시가 바큐-무데 소-지스루까라, 아나따와 조-낑가께오 시떼 쿠레마스까

💬 이 방은 걸레질이 필요하겠는 걸.

この部屋は雑巾がけが必要だね。

코노 헤야와 조-낑가께가 히쯔요-다네

💬 엎지른 물을 걸레로 훔쳐냈어.

こぼした水を雑巾で拭き取った。

코보시따 미즈오 조-낀데 후끼똣따

💬 창문 좀 닦아 줄래요?

窓ちょっと拭いてくれますか。

마도 춋또 후이떼 쿠레마스까

💬 아침 내내 욕조를 닦았습니다.

朝の間浴槽を磨きました。
아사노 아이다 요꾸소-오 미가끼마시따

💬 내가 걸레질을 할게.

私が雑巾掛けをするよ。
와따시가 조-낑가께오 스루요

분리수거

💬 쓰레기통 좀 비우지 그래?

ゴミ箱ちょっと空けない?
고미바꼬 춋또 아께나이?

💬 쓰레기 좀 버려 줄래요?

ごみちょっと捨ててくれますか。
고미 춋또 스떼떼 쿠레마스까

💬 어젯밤 쓰레기 내놨어요?

夕べごみ出して置きましたか。
유-베 고미다시떼 오끼마시따까

💬 오늘은 쓰레기 수거차가 오는 날이다.

今日はダストカートが来る日だ。

쿄-와 다스토카-토가 쿠루 히다

💬 재활용 쓰레기는 분리해서 버려야 해요.

リサイクルごみは分けて捨てなければならないです。

리사이쿠루고미와 와께떼 스떼나께레바 나라나이데스

세탁

💬 오늘은 빨래를 해야 해.

今日は洗濯しなきゃ。

쿄-와 센따꾸시나꺄

💬 빨래가 산더미야.

洗濯が山盛りだ。

센따꾸가 야마모리다

💬 빨래가 많이 밀렸어요.

洗濯物がたくさんたまりました。
センタクモノ
센따꾸모노가 탁상 타마리마시따

💬 세탁기를 돌려야겠어.

洗濯機を回さなければならない。
センタクキ　　マワ
센따꾸끼오 마와사나께레바 나라나이

💬 빨래를 비벼 빨아라.

洗濯物をもんで洗いなさい。
センタクモノ　　　　アラ
센따꾸모노오 몬데 아라이나사이

💬 빨래를 헹궈 주세요.

洗濯物をゆすいでください。
センタクモノ
센따꾸모노오 유스이데 쿠다사이

💬 빨래를 삶아서 널었다.

洗濯物を煮て干した。
センタクモノ　ニ　ホ
센따꾸모노오 니떼 호시따

151

💬 빨래 좀 널어 주세요.

洗濯ちょっと干してください。
센따꾸 춋또 호시떼 쿠다사이

💬 빨래를 너는 걸 잊고 있었어.

洗濯物を干し忘れていた。
센따꾸모노오 호시와스레떼 이따

💬 빨래 좀 걷어 줄래요?

洗濯ちょっと取り込んでくれますか。
센따꾸 춋또 토리꼰데 쿠레마스까

💬 비로 좀처럼 안 말라.

雨でなかなか乾かないわね。
아메데 나까나까 카와까나이와네

💬 좋은 날씨로, 빨래가 잘 마르네.

いいお天気で、洗濯物がよく乾くわね。
이- 오뗑끼데, 센따꾸모노가 요꾸 카와꾸와네

💬 이 티셔츠, 빨았더니 줄어들어버렸어.

このTシャツ、洗ったら伸びちゃった。

코노 티-샤츠, 아랏따라 노비짯따

다림질

💬 다림질 좀 해 줄래?

アイロンをかけてくれない？

아이롱오 카께떼 쿠레나이?

💬 셔츠 좀 다려 줄래요?

シャツちょっとアイロンをかけてくれますか。

샤츠 촛또 아이롱오 카께떼 쿠레마스까

💬 천을 대고 다림질을 해 줘요.

あて布をしてアイロンをかけてね。

아떼누노오 시떼 아이롱오 카께떼네

💬 다려야 할 옷이 산더미야.

アイロンをかける服が山盛りだ。
아이롱오 카께루 후꾸가 야마모리다

💬 간신히 다림질을 마쳤네.

やっとアイロンをかけ終わった。
얏또 아이롱오 카께오왓따

💬 다리미 스위치를 껐나?

アイロンのスイッチを切ったかな。
아이론노 스잇치오 킷따까나

집 꾸미기

💬 전 인테리어나 가구의 디자인에 관심이 많아요.

**私はインテリアとか家具の
デザインに興味が高いです。**
와따시와 인테리아또까 카구노 데자인니 쿄-미가 타까이데스

💬 인테리어 전문가가 집 전체를 개조했다.

インテリア専門家が家の全体を改造した。

인테리아 셈몽까가 이에노 젠따이오 카이조-시따

💬 새 커튼은 벽 색깔과 어울리지 않아.

新しいカーテンは壁の色と似合わない。

아따라시- 카-텡와 카베노 이로또 니아와나이

💬 야마모토 씨의 집 거실은 멋있는 가구로 꾸며져 있어요.

山本さんの家の居間はすてきな家具がそろっています。

야마모또산노 이에노 이마와 스떼끼나 카구가 소롯떼 이마스

Unit 3 운전 & 교통

운전

💬 어제 운전면허를 땄어요.

昨日運転免許を取りました。
키노- 운뗀멩꾜오 토리마시따

昨日ドライバーライセンスを取りました。
키노- 도라이바-라이센스오 토리마시따

昨日車のライセンスを取りました。
키노- 쿠루마노 라이센스오 토리마시따

💬 난 아직 운전에 익숙하지 않아요.

私はまだ運転に慣れません。
와따시와 마다 운뗀니 나레마셍

💬 그는 운전에 아주 능숙해요.

彼は運転がとても上手です。
카레와 운뗑가 토떼모 죠-즈데스

彼は運転がとてもうまいです。
카레와 운뗑가 토떼모 우마이데스

💬 내 운전면허는 다음 달이 만기예요.

私の運転免許は来月が満期です。
와따시노 운뗀멩꾜와 라이게쯔가 망끼데스

免許の有効期間は来月です。
멩꾜노 유-꼬-끼깡와 라이게쯔데스

💬 최근 운전면허를 갱신했어요.

最近運転免許を更新しました。
사이낑 운뗀멩꾜오 코-신시마시따

💬 음주 운전으로 면허를 취소당했어요.

飲酒運転で免許を取り消されました。
인슈운뗀데 멩꾜오 토리께사레마시따

💬 넌 너무 난폭운전이라 같이 타기가 겁나.

あなたはとても荒っぽい運転だから、一緒に乗るのが怖い。
아나따와 토떼모 아랍뽀이 운뗀다까라, 잇쇼니 노루노가 코와이

💬 너무 빠르잖아. 속도 좀 줄여.

速すぎだ。スピード落とせよ。
_{はや} _お
하야스기다. 스피-도 오또세요

💬 조심해! 빨간 불이야!

気をつけて！赤信号だ！
_き _{あかしんごう}
키오 츠께떼! 아까싱고-다!

💬 안전벨트를 매라.

シートベルトをしめなさい。
시-토베루토오 시메나사이

💬 에어컨 좀 켜도 될까요?

エアコンちょっとつけてもいいですか。
에아콩 춋또 츠께떼모 이-데스까

💬 길을 잃은 것 같은데.

道に迷ったようなんだけど。
_{みち} _{まよ}
미찌니 마욧따요-난다께도

💬 좌회전을 해야 하니, 좌측 차선으로 들어가.

左折をしなきゃいけないから、左側の車線に入りなさい。

사세쯔오 시나캬 이께나이까라, 히다리가와노 샤센니 하이리나사이

💬 직진해서 신호에서 좌회전하세요.

まっすぐ進んで信号の所で左に曲がりなさい。

맛스구 스슨데 싱고-노 토꼬로데 히다리니 마가리나사이

💬 다음 모퉁이에서 우회전해 주세요.

次の角を右折してください。

츠기노 카도오 우세쯔시떼 쿠다사이

주차

💬 주차장은 어디에 있나요?

駐車場はどこにありますか。

츄-샤죠-와 도꼬니 아리마스까

💬 건물 뒤에 주차장이 있습니다.

ビルの後ろに駐車場があります。
비루노 우시로니 츄-샤죠-가 아리마스

💬 한 시간당 주차료는 얼마예요?

一時間当たりの駐車料はいくらですか。
이찌지깡아따리노 츄-샤료-와 이꾸라데스까

💬 주차장은 만차입니다.

駐車場は満車です。
츄-샤죠-와 만샤데스

💬 제가 주차해 드리겠습니다.

私が止めます。
와따시가 토메마스

私がやります。
와따시가 야리마스

↘ 보통 주차장에서 말하는 상황이므로 이렇ㅈ게 말하면 어떤 의미인지 이해할 수 있습니다.

💬 주차금지!

駐車禁止！
ちゅうしゃきんし
츄-샤 킨시!

교통 체증

💬 길이 꽉 막혔어요.

道は大渋滞でした。
みち　だいじゅうたい
미찌와 다이쥬-따이데시따

💬 고장 난 차 때문에 길이 딱 막혔어.

故障した車のために交通がマヒした。
こしょう　　くるま　　　　こうつう
코쇼-시따 쿠루마노 타메니 코-쯔-가 마히시따

💬 오늘은 교통 체증이 아주 심한데요.

今日は交通渋滞がとてもひどいです。
きょう　こうつうじゅうたい
쿄-와 코-쯔-쥬-따이가 토떼모 히도이데스

💬 왜 밀리는 거죠?

どうして渋滞してるの?
도-시떼 쥬-따이시떼루노?

💬 앞에서 교통사고가 난 것 같은데요.

前で交通事故が起きたようですが。
마에데 코-쓰-지꼬가 오끼따요-데스가

교통위반

💬 오른쪽 길 옆으로 차를 세워 주세요.

右側の道ぞいに車を止めてください。
미기가와노 미찌소이니 쿠루마오 토메떼 쿠다사이

💬 면허증 좀 보여 주시겠어요?

免許証ちょっと見せてくれませんか。
멩꾜쇼- 춋또 미세떼 쿠레마셍까

💬 차에서 내려 주시겠어요?

車から降りてくれませんか。
_{くるま} _お

쿠루마까라 오리떼 쿠레마셍까

💬 음주측정기를 부십시오.

飲酒測定器を吹いてください。
_{いんしゅ そくていき} _ふ

인슈소꾸떼-끼오 후이떼 쿠다사이

💬 정지신호에서 멈추지 않으셨어요.

停止信号で止まりませんでした。
_{ていし しんごう} _と

테-시싱고-데 토마리마센데시따

💬 제한속도를 위반하셨어요.

制限速度を違反しました。
_{せいげん そくど} _{いはん}

세-겐소꾸도오 이한시마시따

💬 속도위반으로 걸린 적 있습니까?

速度違反で取り締まりにひっかかったことがありますか。
_{そくど いはん} _と _し

소꾸도이한데 토리시마리니 힉까깟따 코또가 아리마스까

💬 벌금은 얼마인가요?

罰金はいくらですか。
ばっきん

박낑와 이꾸라데스가

💬 무단횡단을 하면 안 됩니다.

違反横断をしてはいけません。
いはん　おうだん

이항오-당오 시떼와 이께마셍

💬 이 차선은 좌회전 전용입니다.

この車線は左折専用です。
しゃせん　させつ　せんよう

코노 샤셍와 사세쯔 셍요-데스

💬 여기에서 우회전은 안 됩니다.

ここでは右折はできません。
うせつ

코꼬데와 우세쯔와 데끼마셍

ここでは右折禁止です。
うせつ　きんし

코꼬데와 우세쯔 킨시데스

Chapter 3
나랑 친구할래요?

Unit 1 **날씨 & 계절**
Unit 2 **명절 & 기념일**
Unit 3 **음주**
Unit 4 **흡연**
Unit 5 **취미**
Unit 6 **애완동물**
Unit 7 **식물 가꾸기**

Unit 1 날씨 & 계절

MP3. C3_U1

날씨 묻기

💬 오늘 날씨 어때요?

今日の天気どうですか。
쿄-노 텡끼 도-데스까

今日どんな天気ですか。
쿄- 돈나 텡끼데스까

💬 바깥 날씨 어때요?

外の天気どうですか。
소또노 텡끼 도-데스까

💬 내일 날씨는 어떨까요?

明日の天気はどうでしょうか。
아시따노 텡끼와 도-데쇼-까

💬 오늘은 날씨가 참 좋죠?

今日は天気が本当にいいでしょう?
쿄-와 텡끼가 혼또-니 이-데쇼-?

↳ 今日の天気は~라고도 할 수 있어요.

168

💬 이런 날씨 좋아하세요?

こんな天気好きですか。
콘나 텡끼 스끼데스까

このような天気好きですか。
코노 요-나 텡끼 스끼데스까

💬 오늘 몇 도예요?

今日何度ですか。
쿄- 난도데스까

일기예보

💬 오늘 일기예보 어때요?

今日の天気予報どうですか。
쿄-노 텡끼요호- 도-데스까

↳ 週末の天気予報(주말 일기예보)라고 바꿔서 말해볼까요?

169

💬 내일 일기예보 아세요?

明日の天気予報知ってますか。

아시따노 텡끼요호- 싯떼마스까

明日の天気予報見ましたか。

아시따노 텡끼요호- 미마시따까

💬 일기예보에서는 맑다고 했습니다.

天気予報では晴れだと言っていました。

텡끼요호-데와 하레다또 잇떼이마시따

💬 일기예보에 의하면 내일은 비가 온다고 합니다.

天気予報によると明日は雨だそうです。

텡끼요호-니요루또 아시따와 아메다소-데스

💬 오늘 일기예보로는, 오전 중은 흐리고, 오후는 비가 옵니다.

今日の天気予報では、午前中は曇り、午後は雨です。

쿄-노 텡끼요호-데와, 고젠쥬-와 쿠모리, 고고와 아메데스

💬 일기예보를 확인해 봐.

天気予報を確認してみて。
텡끼요호-오 카꾸닌시떼 미떼

💬 오늘 일기예보는 맞았네요.

今日の天気予報は当たりましたね。
쿄-노 텡끼요호-와 아따리마시따네

💬 일기예보가 빗나갔다.

天気予報が外れた。
텡끼요호-가 하즈레따

💬 일기예보는 믿을 수 없어요.

天気予報は信じられません。
텡끼요호-와 신지라레마셍

💬 일기예보는 안 맞는 경우도 많으니까요.

天気予報は外れることも多いからね。
텡끼요호-와 하즈레루 코또모 오-이까라네

💬 곳에 따라 흐리고 때때로 비.

ところにより曇り時々雨。
토꼬로니요리 쿠모리 토끼도끼 아메

맑은 날

💬 오늘은 맑아요.

今日は晴れです。
쿄-와 하레데스

今日はいい天気です。
쿄-와 이- 텡끼데스

💬 오늘은 날씨가 화창하네요.

今日はのどかな天気ですね。
쿄-와 노도카나 텡끼데스네

💬 최근 날씨가 계속 좋네요.

最近天気がずっといいですね。
사이낑 텡끼가 즛또 이-데스네

このところすばらしい天気が続いて
いますね。
코노또꼬로 스바라시- 텡끼가 츠즈이떼 이마스네

💬 햇볕이 아주 좋아요.

日ざしがとても気持ちいいです。
히자시가 토떼모 키모찌이-데스

💬 오늘은 햇볕이 따갑군.

今日は日ざしが強い。
쿄-와 히자시가 츠요이

💬 활짝 갰군요.

からっとしていますね。
카랏또시떼이마스네

💬 오늘 오후에는 개일 것 같아요.

今日の午後には晴れるようです。
쿄-노 고고니와 하레루요-데스

💬 날씨가 개었어요.

晴れてきましたよ。
하레떼끼마시따요

💬 내일 날씨가 개이면 좋을 텐데.

明日晴れるといいんだがなあ。
아시따 하레루또 이인다가나-

💬 내일은 날이 개이도록, 인형을 장식해야지.

明日は晴れるように、てるてる坊主を作って飾ろう。
아시따와 하레루요-니 테루떼루보-즈오 츠꿋떼 카자로-

↳ てるてる坊主는 날이 개이길 빌며 처마 끝에 매다는 종이 인형으로, 날이 개면 먹으로 눈동자를 그려 넣기도 합니다.

흐린 날

💬 날씨가 궂어요.

天気が悪いです。
텡끼가 와루이데스

💬 날이 흐려졌어요.

曇ってきました。
쿠못떼 키마시따

💬 아주 흐려요.

とても曇ってます。
토떼모 쿠못떼마스

💬 별안간 하늘이 흐려졌어요.

急に空が曇りました。
큐-니 소라가 쿠모리마시따

💬 하루 종일 흐려 있었어요.

一日中曇っていました。
이찌니찌쥬- 쿠못떼 이마시따

💬 날씨가 우중충해요.

天気がうっとうしいです。
텡끼가 웃또우시-데스

💬 우중충한 날씨군요.

うっとうしい天気ですね。
웃또우시- 텡끼데스네

비 오는 날

💬 비가 와요.

雨が降っています。
아메가 훗떼이마스

💬 비가 뚝뚝 떨어지기 시작했어요.

雨がぽつりぽつりと降りだした。
아메가 포쯔리뽀쯔리또 후리다시따

💬 비가 심하게 오는군요.

雨がひどい降りですねえ。
아메가 히도이 후리데스네-

💬 비가 멈추지 않고 계속 온다.

雨がやみません。
아메가 야미마셍

💬 그저 지나가는 비예요.

たんなる通り雨ですよ。
탄나루 토-리 아메데스요

💬 비가 억수같이 퍼붓는데요.

バケツをひっくりかえしたようだ。
바케츠오 힛꾸리까에시따요-다
土砂降りですね。
도샤부리데스네

💬 금방 비가 올 것 같아요.

すぐ雨が降るみたいです。
스구 아메가 후루미따이데스

💬 비가 올 것 같으니, 우산을 갖고 가.

雨が降りそうですから、傘を持って行きなさい。
아메가 후리소-데스까라, 카사오 못떼 이끼나사이

💬 길에서 소나기를 만났습니다.

道でにわか雨に会いました。
미찌데 니와까아메니 아이마시따

💬 빗발이 약해졌습니다.

雨がこぶりになりました。
아메가 코부리니나리마시따

💬 이제 비가 그쳤나요?

もう雨が止みましたか。
모-아메가 야미마시따까

💬 그는 '비를 몰고 다니는 남자'라고 불리고 있어요.

彼は「あめおとこ」と呼ばれています。
카레와 '아메오또꼬'또 요바레떼이마스

↳ はれおとこ는 '맑은 남자'라는 뜻으로, 무슨 일을 하거나 어디를 가든 그가 있으면 항상 날이 맑다는 의미입니다.

천둥 & 번개

💬 천둥이 치고 있어요.

雷 が鳴っています。
카미나리가 낫떼이마스

💬 번개가 쳐요.

稲妻が走ります。
이나즈마가 하시리마스

💬 천둥이 심하네!

雷 がひどいです!
카미나리가 히도이데스!

💬 천둥소리에 놀랐습니다.

雷 の音にびっくりしました。
카미나리노 오또니 빗꾸리시마시따

💬 번개가 치자 천둥소리가 울렸다.

稲光が走り雷鳴が聞こえた。
이나비까리가 하시리 라이메-가 키꼬에따

💬 밤새 천둥소리가 울렸어요.

夜通し雷が鳴っていました。
요도오시 카미나리가 낫떼 이마시따

💬 내일은 천둥을 동반한 비가 예상됩니다.

明日は雷を伴った雨が予想されます。
아시따와 카미나리오 토모낫따 아메가 요소-사레마스

봄 날씨

💬 봄이 코 앞에 다가왔어요.

春がもうすぐ目の前に迫ってきました。
하루가 모-스구 메노 마에니 세맛떼 키마시따

💬 봄 날씨치고는 꽤 춥네요.

春の天気と言うわりにはかなり寒いですね。
하루노 텡끼또 이우와리니와 카나리 사무이데스네

💬 봄 기운이 완연하네요.

春の雰囲気がはっきり現れてきました。

하루노 훙이끼가 학끼리 아라와레떼 키마시따

💬 봄은 날씨가 변화무쌍해요.

春は天気が変わりやすいです。

하루와 텡끼가 카와리야스이데스

💬 날씨가 따뜻해요.

暖かい天気です。

아따따까이 텡끼데스

💬 오늘은 따스하군요.

今日はぽかぽか暖かいですね。

쿄—와 포까뽀까 아따따까이데스네

💬 이 시기치고는 제법 따뜻하군요.

この時期にしてはかなり暖かいですね。

코노 지끼니시떼와 카나리 아따따까이데스네

💬 꽃구경하는 계절이야.

花見の季節だね。
_{はなみ} _{きせつ}

하나미노 키세쯔다네

💬 벚꽃이 피었어.

桜が咲いたよ。
_{さくら} _さ

사꾸라가 사이따요

💬 오늘은 강한 남풍이 불었어요.

今日は春一番が吹きました。
_{きょう} _{はるいちばん} _ふ

쿄-와 하루이찌방가 후끼마시따

💬 그는 봄을 타요.

彼は春になるとゆううつになります。
_{かれ} _{はる}

카레와 하루니나루또 유-우쯔니나리마스

💬 계절 중에 봄이 제일 기분이 좋아요.

季節の中で春が一番気持ちがいいです。
_{きせつ} _{なか} _{はる} _{いちばん} _{きも}

키세쯔노 나까데 하루가 이찌방 키모찌가 이-데스

황사

💬 황사가 올 거 같아.

黄砂が飛んでくるみたい。

코-사가 톤데 쿠루미따이

💬 또, 황사의 계절이 되었어요.

また、黄砂の季節になりました。

마따, 코-사노 키세쯔니나리마시따

💬 황사가 올 때는 외출을 삼가는 것이 좋아요.

黄砂が来る時は外出をしない方がいいです。

코-사가 쿠루 토끼와 가이슈쯔오 시나이 호-가 이-데스

💬 황사는 매년 봄에, 한반도에 몰려 옵니다.

黄砂は毎年春に、韓半島に来ます。

코-사와 마이토시 하루니, 캉한토-니 키마스

💬 극심한 황사 현상으로 가시거리가 50m 이하로 떨어졌습니다.

激しい黄砂現象で可視距離が50メートル以下に落ちました。

하게시- 코-사겐쇼-데 카시꼬리가 고쥬-메-토루이까니 오찌마시따

여름 날씨

💬 정말 덥네요.

本当に暑いです。

혼또-니 아쯔이데스

💬 올 여름은 특히 더워요.

今年の夏は特に暑いです。

코또시노 나쯔와 토꾸니 아쯔이데스

💬 오늘은 상당히 덥군요.

今日はかなり暑いですね。

쿄-와 카나리 아쯔이데스네

💬 점점 더워지고 있어요.

いよいよ暑くなっています。
이요이요 아쯔꾸낫떼 이마스

💬 너무 더워.

暑すぎるよ。
아쯔스기루요

💬 여름은 후덥지근해요.

夏は蒸し暑いです。
나쯔와 무시아쯔이데스

💬 찌는 듯이 더워요.

蒸し暑いです。
무시아쯔이데스

💬 푹푹 찌네요!

ムシムシしますね!
무시무시시마스네!

💬 찜 찌듯 더워서 숨쉬기 괴로워.

ムシムシして息苦しい。
무시무시시떼 이끼구루시-

💬 이 더위에는 견딜 수 없습니다.

この暑さには耐えられません。
코노 아쯔사니와 타에라레마셍

💬 오늘도 다시 더워질 것 같군요.

今日もまた暑くなりそうですよ。
쿄-모 마따 아쯔꾸나리소-데스요

💬 이 시기치고는 너무 덥네요.

この時期のわりにはとても暑いです。
코노 지끼노 와리니와 토떼모 아쯔이데스

💬 오늘이 이번 여름에 가장 더운 날이래요.

今日はこの夏一番暑い日だそうです。
쿄-와 코노나쯔 이찌방 아쯔이 히다소-데스

💬 이 더위가 언제까지 지속될까요?

この暑_{あつ}さがいつまでつづくのでしょうか。

코노 아쯔사가 이쯔마데 츠즈꾸노데쇼-까

💬 이제 여름도 끝나네.

もう夏_{なつ}も終_おわりだね。

모- 나쯔모 오와리다네

💬 올 여름은 예년보다 기온이 낮습니다.

今年_{ことし}は冷夏_{れいか}です。

코또시와 레-까데스

💬 열대야가 계속되고 있어.

熱帯夜_{ねったいや}が続_{つづ}いている。

넷따이야가 츠즈이떼 이루

💬 그녀는 더위를 탑니다.

彼女_{かのじょ}は暑_{あつ}がりです。

카노죠와 아쯔가리데스

💬 저는 더위를 먹었어요.

私は夏バテしました。
わたし　なつ

와따시와 나쯔바테시마시따

태풍

💬 태풍이 다가오고 있어요.

台風が近づいています。
たいふう　　ちか

타이후-가 치까즈이떼 이마스

💬 태풍은 밤 사이에 지나간 것 같은데요.

台風は夜のうちに通りすぎたみたいですね。
たいふう　よる　　　　とお

타이후-와 요루노 우찌니
토오리스기따미따이데스네

💬 태풍 때문에 파도가 높아요.

台風のために波が高いです。
たいふう　　　　　　なみ　たか

타이후-노 타메니 나미가 타까이데스

💬 태풍은 지금 어디에 있을까요?
台風は今どのへんでしょうか。
타이후-와 이마 도노헨데쇼-까

💬 태풍이 동해안에 상륙했습니다.
台風が東の海岸に上陸しました。
타이후-가 히가시노 카이간니 죠-리꾸시마시따

💬 바람이 심하게 불고 있군요.
風が強く吹いていますね。
카제가 츠요꾸 후이떼 이마스네

장마

💬 장마철에 접어들었어요.
梅雨に入りました。
츠유니 하이리마시따

💬 장마전선이 북상하고 있습니다.
梅雨前線が北上しています。
바이우 젠셍가 호꾸죠-시떼 이마스

💬 장마철에는 날씨가 오락가락해요.
梅雨時には天気が不安定です。
츠유도끼니와 텡끼가 후안떼-데스

💬 장마가 개어서 다행이군요.
梅雨が開けてよかったですね。
츠유가 아께떼 요깟따데스네

💬 장마가 끝났어요.
梅雨が終わりました。
츠유가 오와리마시따
梅雨が明けました。
츠유가 아께마시따

가뭄

💬 가뭄으로 식물들이 시들어요.

日照りで植物が枯れます。

히데리데 쇼꾸부쯔가 카레마스

💬 사상 최악의 가뭄이 될 거라네요.

史上最悪の日照りになると言います。

시죠- 사이아꾸노 히데리니나루또 이-마스

💬 이번 가뭄으로 농작물이 큰 피해를 입었어요.

今回の日照りで農作物が大きな被害にあいました。

콩까이노 히데리데 노-사꾸모쯔가 오-끼나 히가이니 아이마시따

💬 올 여름은 가뭄이 장기간 지속될 예상입니다.

今年の夏は日照りが長期間続く予想です。

코또시노 나쯔와 히데리가 쵸-끼깐 츠즈꾸 요소-데스

💬 오랜 가뭄으로 댐 수위가 낮아졌습니다.

長い日照りによってダムの水位が下がりました。
나가이 히데리니 욧떼 다무노 스이-가 사가리마시따

홍수

💬 매년 이 시기는 홍수가 나요.

毎年この時期は洪水になります。
마이또시 코노 지끼와 코-즈이니 나리마스

💬 이 지역은 홍수 취약 지역이에요.

ここは洪水多発地域です。
코꼬와 코-즈이 타하쯔 치이끼데스

💬 홍수로 그 다리가 떠내려 갔어요.

洪水で橋が押し流されました。
코-즈이데 하시가 오시나가사레마시따

💬 홍수로 집도 농작물도 송두리째 떠내려 갔습니다.

洪水で家も作物も根こそぎ流されました。

코-즈이데 이에모 사꾸모쯔모 네꼬소기 나가사레마시따

💬 작년의 대규모 홍수로 인한 피해는 막대했어요.

去年の大規模洪水による被害は甚大でした。

쿄넨노 다이끼보 코-즈이니 요루 히가이와 진다이데시따

가을 날씨

💬 어느덧 가을이 왔어요.

いつのまにか秋が来ました。

이쯔노마니까 아끼가 키마시따

💬 가을로 접어들었어요.

秋に入りました。

아끼니 하이리마시따

💬 서늘해요.

涼しいです。

스즈시-데스

💬 가을 바람이 살랑살랑 붑니다.

秋風がそよそよと吹きます。

아끼까제가 소요소요또 후끼마스

💬 가을 기운이 완연합니다.

秋の雰囲気がはっきり現れます。

아끼노 훙이끼가 학끼리 아라와레마스

💬 가을은 눈 깜짝할 사이에 지나갔어요.

秋は瞬く間に通り過ぎました。

아끼와 마따따꾸마니 토-리스기마시따

💬 가을이 벌써 지나간 것 같아요.

秋はもう終わりのようですね。

아끼와 모- 오와리노요-데스네

💬 가을은 '천고마비'의 계절입니다.

秋は「天高く馬肥ゆる秋」です。
아끼와 「텡따까꾸 우마 코유루 아끼」데스

💬 가을은 독서의 계절입니다.

秋は読書の季節です。
아끼와 도꾸쇼노 키세쯔데스

💬 가을은 여행하기에 좋은 계절이죠.

秋は旅行するのにいい季節です。
아끼와 료꼬-스루노니 이- 키세쯔데스

💬 가을은 결실의 계절입니다.

秋は実りの季節です。
아끼와 미노리노 키세쯔데스

💬 가을이 되면 식욕이 좋아져요.

秋になると食欲が増します。
아끼니 나루또 쇼꾸요꾸가 마시마스

💬 저 높푸른 가을 하늘을 봐.

あの高く青い秋の空を見て。
아노 타까꾸 아오이 아끼노 소라오 미떼

단풍

💬 단풍이 제철이에요.

紅葉が見ごろです。
모미지가 미고로데스

💬 가을에는 단풍놀이가 최고예요.

秋には紅葉狩りが最高です。
아끼니와 모미지가리가 사이꼬-데스

💬 나뭇잎이 붉게 물들고 있어요.

木の葉が赤く染まっています。
코노하가 아까꾸 소맛떼 이마스

💬 가을이면 낙엽이 져요.

秋になると[には]葉が落ちます。
아끼니나루또[니와] 하가 오찌마스

💬 은행나무가 노랗게 물들기 시작했어요.

銀杏が黄色く染まり始めました。
いちょう　きいろ　そ　はじ

이쬬-가 키이로꾸 소마리하지메마시따

💬 다음 주말에 단풍놀이를 갈 거예요.

来週末に紅葉狩りに行くつもりです。
らいしゅうまつ　もみじが　い

라이슈-마쯔니 모미지가리니 이꾸쯔모리데스

겨울 날씨

💬 드디어 겨울이군.

いよいよ冬だね。
ふゆ

이요이요 후유다네

💬 겨울이 다가오는 것 같아요.

冬が近づいています。
ふゆ　ちか

후유가 치까즈이떼 이마스

💬 점점 추워지고 있어요.

だんだん寒くなっています。
단당 사무꾸낫떼 이마스

💬 따뜻한 겨울입니다.

暖冬です。
단또-데스

💬 추위가 많이 누그러졌어요.

寒さが大分和らぎました。
사무사가 다이붕 야와라기마시따

💬 올 겨울은 이상하게 포근하네요.

今年の冬はめずらしく暖かいですね。
코토시노 후유와 메즈라시꾸 아따따까이데스네

💬 동장군이 기승을 부리고 있네요.

冬将軍まっさかりですね。
후유쇼-군 맛사까리데스네

💬 지구온난화 때문에 겨울 기온이 점점 올라가고 있어요.

地球温暖化のため冬の気温がだんだん上がっています。

치큐-온당까노 타메 후유노 키옹가 단당 아갓떼 이마스

💬 추워서 덜덜 떨려요.

寒くてぶるぶる震えます。

사무꾸떼 부루부루 후루에마스

💬 뼈 속까지 추워요.

骨の髄まで寒いです。

호네노 즈이마데 사무이데스

💬 저는 추워서 죽겠습니다.

私は寒くてたまりません。

와따시와 사무꾸떼 타마리마셍

💬 저는 겨울에 추위를 많이 타요.

私は寒がりです。

와따시와 사무가리데스

💬 저는 겨울에, 감기에 잘 걸려요.

> 私は冬、風邪をよく引きます。
> 와따시와 후유, 카제오 요꾸 히끼마스

눈

💬 함박눈이 내려요.

> 牡丹雪が降ります。
> 보땅유끼가 후리마스

💬 이것이 첫눈이군요.

> これは初雪ですね。
> 코레와 하쯔유끼데스네

💬 눈이 펑펑 내리고 있어요.

> 雪がこんこんと降っています。
> 유끼가 콩콘또 훗떼 이마스

💬 눈보라가 치네요.

> 吹雪が来てますね。
> 후부끼가 키떼마스네

💬 눈이 드문드문 내리기 시작했어요.

雪がぽつりぽつりと降り始めました。

유끼가 포쯔리뽀쯔리또 후리하지메마시따

💬 어제부터 내린 대설로 꼼짝달싹 못하고 있다.

昨日からの大雪で身動きがとれなくなっている。

키노-까라노 오-유끼데 미우고끼가
토레나꾸낫떼이루

Unit 2 명절 & 기념일

설날

💬 새해를 맞이하다.

年を越す。
토시오 코스

迎春。
게-슌

新年を迎える。
신넹오 무까에루

💬 새해 복 많이 받으세요.

新年おめでとうございます。
신넹 오메데또-고자이마스

新年明けましておめでとうございます。
신넹 아케마시떼 오메데또-고자이마스

💬 새해가 다가온다.

新年が近づいて来る。
신넹가 치까즈이떼 쿠루

💬 새해에도 평안하고 행복하기 바랍니다.

新年にも平安で幸せになる
ように願います。

신넨니모 헤-안데 시아와세니 나루요-니 네가이마스

💬 한국인은 설날에 한 살 더 먹습니다.

韓国人は元旦にひとつ年を取ります。

캉꼬꾸징와 간딴니 히또쯔 토시오 토리마스

새해 결심

💬 신년 결심으로 뭐 세웠어?

何か新年の決心をした?

나니까 신넨노 켓싱오 시따?

💬 제 새해 결심은 금주예요.

私の新年の決心は禁酒です。

와따시노 신넨노 켓싱와 킨슈데스

💬 난 새해 결심을 지킬 거야.

私は新年の決心を守るつもりだ。
와따시와 신넨노 켓싱오 마모루 츠모리다

↘ ~だ는 남자가 사용하는 어미입니다. 여성은 문장 끝에 ~よ라고 합니다.

💬 저는 지금까지 새해 결심을 실천한 적이 한 번도 없어요.

私は今まで新年の決心を守ったことが一度もありません。
와따시와 이마마데 신넨노 켓싱오 마못따 코또가 이찌도모 아리마셍

💬 이번에야말로 작심삼일이 되지 않도록 해야지.

今度こそ三日坊主にならないようにしないと。
콘도꼬소 믹까보-즈니 나라나이요-니 시나이또

크리스마스

💬 크리스마스에 보통 뭐해요?

クリスマスに普通何をしますか。
쿠리스마스니 후쯔- 나니오 시마스까

💬 올해 크리스마스는 목요일이네.

今年のクリスマスは木曜日だね。
코또시노 쿠리스마스와 모꾸요-비다네떼

💬 어린이들은 크리스마스 이브에 양말을 걸어 둡니다.

子供たちはクリスマスイブに靴下を掛けて置きます。
코도모따찌와 쿠리스마스 이부니 쿠쯔시따오 카께떼 오끼마스

💬 기독교인은 크리스마스 예배를 드리러 교회에 간다.

クリスチャンはクリスマスの礼拝をするために教会へ行く。
쿠리스챵와 쿠리스마스노 레-하이오 스루 타메니 쿄-까이에 이꾸

💬 크리스마스 트리를 만들자.

クリスマスツリーを作りましょう。
쿠리스마스츠리-오 츠꾸리마쇼-

💬 크리스마스 카드를 쓰고 있어요.

クリスマスカードを書いています。
쿠리스마스카-도오 카이떼 이마스

💬 크리스마스 선물은 꼭 사야 한다고 생각해요.

クリスマスプレゼントは必ず買わなければならないと思います。
쿠리스마스 푸레젠토와 카나라즈 카와나께레바 나라나이또 오모이마스

💬 크리스마스 선물이 뭔지 말해 줘.

クリスマスプレゼントが何なのか言ってくれる。
쿠리스마스 푸레젠토가 난나노까 잇떼 쿠레루

💬 난 크리스마스 선물로 새 구두를 받고 싶다.

私はクリスマスプレゼントに新しい靴が欲しい。

와따시와 쿠리스마스 푸레젠토니 아따라시- 쿠쯔가 호시-

생일

💬 오늘이 바로 내 생일이야.

今日がまさに私の誕生日だ。

쿄-가 마사니 와따시노 탄죠-비다

💬 내일이 아키야마 씨 생일인 것 알고 있어요?

明日が秋山さんの誕生日であること知ってますか。

아시따가 아끼야마산노 탄죠-비데아루 코또 싯떼마스까

💬 오늘이 내 생일인 것 어떻게 알았어?

今日が私の誕生日であることどうして分かったの？

쿄-가 와따시노 탄죠-비데 아루 코또 도-시떼 와깟따노?

💬 하마터면, 여자 친구의 생일을 잊어버릴 뻔했다.

もうすこしで、彼女[ガールフレンド]の誕生日を忘れるところだった。

모-스꼬시데, 카노죠[가-루후렌도]노 탄죠-비오 와스레루 토꼬로닷따

💬 네 생일을 잊어 버려서 미안해.

あなたの誕生日を忘れてごめんね。

아나따노 탄죠-비오 와스레떼 고멘네

💬 우리는 생일 케이크에 초를 꽂았다.

私たちは誕生日のケーキにろうそくを挿した。

와따시따찌와 탄죠-비노 케-키니 로-소꾸오 사시따

💬 이번 생일로 난 25살이 된다.

今度の誕生日で私は25歳になる。

콘도노 탄죠-비데 와따시와 니쥬-고사이니 나루

💬 생일 파티를 위해 예약하려고 하는데요.

誕生日のパーティーのために予約しようと思いますが。

탄죠-비노 파-티-노 타메니 요야꾸시요-또 오모이마스가

💬 사토시 씨를 위해 생일 축하 노래를 불러요.

聡さんのためにハッピーバースデーを歌いましょう。

사또시산노 타메니 핫피-바-스데-오 우따이마쇼-

💬 그가 오기 전에 생일 선물을 포장해 둬.

彼が来る前に誕生日プレゼントを包装しておいて。

카레가 쿠루 마에니 탄죠-비 푸레젠토오 호-소-시떼 오이떼

축하

💬 축하해!

おめでとう!
오메데토-!

💬 축하 드립니다!

おめでとうございます!
오메데토-고자이마스!

💬 생일 축하합니다!

お誕生日おめでとうございます!
오딴죠-비 오메데토-고자이마스!

💬 생일 축하해!

お誕生日おめでとう!
오딴죠-비 오메데토!

ハッピーバースデー!
합삐-바-스데-!

💬 결혼 축하해요.

ご結婚おめでとう。
고껙꼰 오메데또-

↳ '결혼' 대신 다른 단어를 넣어 표현해 보세요.
合格、入学、入社、卒業、出産…

💬 신의 축복이 있기를!

神様の祝福がありますように!
카미사마노 슈꾸후꾸가 아리마스요-니!

祝福します!
슈꾸후꾸시마스!

💬 성공을 빌어요.

成功を祈ります。
세-꼬-오 이노리마스

💬 행운을 빌어요.

幸運を祈ります。
코-웅오 이노리마스

211

💬 분명히 잘될 거예요.

きっとうまくいきますよ。
킷또 우마꾸 이끼마스요

💬 정말 잘됐어요.

本当^{ほんとう}によかったです。
혼또-니 요깟따데스

💬 힘내세요.

頑張^{がんば}って。
감밧떼

💬 고맙습니다. 당신도요.

ありがとうございます。あなたもよ。
아리가또-고자이마스. 아나따모요

💬 고맙습니다. 운이 좋았어요.

ありがとうございます。運^{うん}がよかったです。
아리가또-고자이마스. 웅가 요깟따데스

Unit 3 음주

주량

💬 어느 정도 술을 마십니까?

どのぐらいお酒飲みますか。

도노구라이 오사께 노미마스까

💬 넌 술고래야.

あなたはのんべえだ。

아나따와 놈베-다

💬 전 술이 세서 거의 취하지 않아요.

私は酒が強くてあまり酔わないです。

와따시와 사께가 츠요꾸떼 아마리 요와나이데스

💬 저 녀석은 술꾼이야.

あいつは大酒飲みだ。

아이쯔와 오-자께노미다

💬 난 한번 마셨다 하면 끝장을 보는 쪽이다.

一度飲み始めたら死ぬまで飲む方だ。

이찌도 노미하지메따라 시누마데 노무호-다

💬 최근 주량이 늘었어요.

最近お酒の量が増えました。

사이낑 오사께노 료-가 후에마시따

💬 전 맥주에는 잘 안 취해요.

私はビールではあまり酔わないです。

와따시와 비-루데와 아마리 요와나이데스

💬 그는 과음하는 버릇이 있어요.

彼は飲み過ぎる癖があります。

카레와 노미스기루 쿠세가 아리마스

💬 전 술이 약해요.

私は酒が弱いです。

와따시와 사께가 요와이데스

💬 전 어느 쪽인지 말하자면 '못 한다'입니다.

私はどちらかと言うと「下戸」です。
와따시와 도찌라까또 이우또「게꼬」데스

💬 술을 조금 마셔도 얼굴이 빨갛게 돼요.

お酒を少し飲んでも顔が赤くなります。
오사께오 스꼬시 논데모 카오가 아까꾸 나리마스

💬 한 잔만 마셔도 바로 취해요.

一杯だけ飲んでもすぐ酔います。
잇빠이다께 논데모 스구 요이마스

과음

💬 그는 술 때문에 엉망이 됐어요.

彼は酒で潰れました。
카레와 사께데 츠부레마시따

💬 그는 술로 건강을 해쳤어요.
彼は酒で健康をくずしました。
카레와 사께데 켕꼬-오 쿠즈시마시따

💬 그는 괴로움을 술로 달래려고 했어요.
彼はつらさを酒でなぐさめようと思いました。
카레와 츠라사오 사께데 나구사메요-또 오모이마시따

💬 술을 안 마시고 지나간 날이 하루도 없어요.
酒を飲まない日が一日もありません。
사께오 노마나이 히가 이찌니찌모 아리마셍

💬 술을 지나치게 마셔 곤드레만드레 취했어요.
酒を飲みすぎて酔い潰れました。
사께오 노미스기떼 요이쯔부레마시따

술버릇

💬 넌 술버릇 같은 것 있어?

あなた酒癖とかある？

아나따 사께구세또까 아루?

💬 그는 술버릇이 나빠요.

彼は酒癖が悪いです。

카레와 사께구세가 와루이데스

💬 술을 마시면 자꾸 웃어.

酒を飲むとよく笑う。

사께오 노무또 요꾸 와라우

💬 난 술을 마실 때마다 울어.

私は酒を飲むたびに泣く。

와따시와 사께오 노무 타비니 나꾸

💬 술을 마시고 우는 게 제일 안 좋은 버릇이야.

酒を飲んで泣くのは一番悪い癖だ。

사께오 논데 나꾸노와 이찌방 와루이 쿠세다

💬 술취해서, 했던 말 또 하고 있잖아.

酔っ払って、また同じことを言って
いるよ。

욥빠랏떼, 마따 오나지 코또오 잇떼 이루요

술에 취함

💬 벌써 꽤 취했어.

かなり[すごく]酔った。

카나리[스고꾸]욧따

💬 술기운이 도는데.

酒が回ってきた。

사께가 마왓떼 키따

💬 그는 술 한 병을 완전히 비웠다.

彼は酒一本を完全にあけた。

카레와 사께 입뽕오 칸젠니 아께따

💬 그는 맥주를 마시고 취해 버렸다.

彼(かれ)はビールを飲(の)んで酔(よ)ってしまった。

카레와 비-루오 논데 욧떼 시맛따

💬 도대체 얼마나 마신 거야?

一体(いったい)どれほど飲(の)んだの?

잇따이 도레호도 논다노?

💬 난 그렇게 안 취했어.

私(わたし)はそんなに酔(よ)っていない。

와따시와 손나니 욧떼 이나이

💬 어젯밤 술에 곤드레만드레 취했다.

夕(ゆう)べはお酒(さけ)でべろんべろんに酔(よ)った。

유-베와 오사께데 베롱베롱니 욧따

💬 어젯밤, 밤새도록 술 마시고 놀았어요.

昨晩(さくばん)、一晩中(ひとばんじゅう)酒(さけ)を飲(の)んで遊(あそ)びました。

사꾸방, 히또반쥬- 사께오 논데 아소비마시따

💬 (술을) 많이 마셔서 정신없이 해롱거렸다.

飲んだくれた。
논다꾸레따

💬 앞뒤도 분간할 수 없이 술에 취했어요.

前後の見境なく酔いつぶれました。
젱고노 미사까이나꾸 요이쯔부레마시따

💬 공복에 술을 마셔서 몹시 취했다.

空きっ腹に酒を飲んでひどくよった。
스낍빠라니 사께오 논데 히도꾸 욧따

💬 그는 혀가 꼬부라지도록 술을 마셨어요.

彼はろれつが回らないほど酒を飲みました。
카레와 로레쯔가 마와라나이호도 사께오 노미마시따

彼は泥酔するまで酒を飲みました。
카레와 데이스이스루마데 사께오 노미마시따

술에 대한 충고

💬 그녀에게 술을 마시지 말라고 충고했다.

彼女に酒を飲むなと忠告した。

카노죠니 사께오 노무나또 쥬-꼬꾸시따

💬 취하도록 마시지 마.

酔うほど飲むな。

요우호도 노무나

💬 인생을 술로 허송세월 하지 마.

人生を酒で無駄にするな。

진세-오 사께데 무다니 스루나

💬 홧김에 술 마시지 마세요.

腹いせでお酒を飲まないでください。

하라이세데 오사께오 노마나이데 쿠다사이

💬 술 마시고 운전하는 것은 위험해.

酒を飲んで運転するのは危険だ。

사께오 논데 운뗀스루노와 키껜다

💬 술을 마시는 건 좋지만 정도가 문제지.

酒を飲むのはいいけど量が問題だ。

사께오 노무노와 이-께도 료-가 몬다이다

술에 대한 기호

💬 한국인은 소주를 무척 즐겨 마십니다.

韓国人は焼酎をとても好んで飲みます。

캉꼬꾸징와 쇼-쮸-오 토떼모 코논데 노미마스

💬 한국인들은 술 마실 때 술잔을 돌립니다.

韓国人たちは酒を飲む時杯を回します。

캉꼬꾸징따찌와 사께오 노무 또끼 하이오 마와시마스

💬 전 맥주를 그다지 좋아하지 않아요.

私はビールがあまり好きじゃないです。

와따시와 비-루가 아마리 스끼쟈나이데스

💬 그는 스카치 위스키라면 사족을 못 쓰죠.

彼はスコッチとなると目がないです。
카레와 스콧치토나루토 메가 나이데스

💬 김빠진 맥주는 마시고 싶지 않아.

気の抜けたビールは飲みたくない。
키노 누께따 비-루와 노미따꾸나이

금주

💬 난 이제 술 끊을 거야.

私はもう酒をやめるつもりだ。
와따시와 모- 사께오 야메루 츠모리다

💬 그는 더 이상 술을 마시지 않아.

彼はもうこれ以上酒を飲まない。
카레와 모- 코레 이죠- 사께오 노마나이

💬 전 금주 중입니다.

私は禁酒中です。
와따시와 킨슈쮸-데스

私は断酒中です。
와따시와 단슈쮸-데스

💬 전 술을 끊어서 더 이상 마시지 않습니다.

私は酒をやめたので二度と飲みません。
와따시와 사께오 야메따노데 니도또 노미마셍

💬 다음 주부터 술을 끊기로 했습니다.

来週からお酒をやめることにしました。
라이슈-까라 오사께오 야메루 코또니 시마시따

술 관련 기타

💬 술은 입에도 대지 않아요.

酒は一切飲んでいません。

사께와 잇사이 논데 이마셍

💬 입만 댈게요.

飲むふりだけするよ。

노무 후리다께 스루요

💬 숙취는 없나요?

二日酔いはありませんか。

후쯔까요이와 아리마셍까

💬 숙취로 머리가 아파요.

二日酔いで頭痛がします。

후쯔까요이데 즈쯔-가 시마스

💬 숙취에서 깨어났어요.

二日酔いが覚めました。

후쯔까요이가 사메마시따

225

💬 술을 마시니 정신이 자유로워지네요.

酒を飲んで気が楽になりました。

사께오 논데 키가 라꾸니 나리마시따

💬 빈속에 술을 마셨어요.

空腹に酒を飲みました。

쿠-후꾸니 사께오 노미마시따

空きっ腹に酒を飲みました。

스깁빠라니 사께오 노미마시따

💬 넌 분위기 망치는 데 뭐 있어.

お前は雰囲気を台無しにする。

오마에와 훙이끼오 다이나시니 스루

💬 술 마시고 싶은 것을 꼭 참았어요.

酒を飲みたいのをぐっとこらえました。

사께오 노미따이노오 굿또 코라에마시따

💬 이번엔 빼 줘. 더 이상은 못 마시겠어.

今度はかんべんしてくれ。これ以上は飲めないよ。

콘도와 캄벤시떼 쿠레. 코레이죠-와 노메나이요

💬 술김에 한 소리예요.

よった勢いでした話です。

욧따 이끼오이데 시따 하나시데스

💬 내가 술상을 차릴게요.

私が酒を準備します。

와따시가 사께오 쥼비시마스

💬 마지막으로 술 마시러 간 것이 언제야?

最後に飲みに行ったのはいつ?

사이고니 노미니 잇따노와 이쯔?

💬 그것은 술이 없는 파티야.

それは酒のないパーティーだ。

소레와 사께노 나이 파-티-다

💬 자기 전에 한 잔 마시면 푹 잘 수 있을 거예요.

寝る前に1杯飲めばぐっすり寝られると思います。

네루 마에니 입빠이 노메바 굿스리 네라레루또 오모이마스

💬 위스키 몇 잔[조금] 마시면 괜찮아질 거야.

ウィスキーを何杯か[少し]飲めばよくなると思うよ。

위스키-오 남바이까[스꼬시] 노메바 요꾸 나루또 오모우요

💬 소량의 술은 오히려 약이 돼요.

少量の酒はむしろ薬になります。

쇼-료-노 사께와 무시로 쿠스리니 나리마스

Unit 4 흡연

흡연

💬 담배 한 대 피우시겠어요?

タバコ一本いかがですか。
타바코 입뽕 이까가데스까

💬 하루에 어느 정도 피웁니까?

一日どのくらい吸いますか。
이찌니찌 도노꾸라이 스이마스까

💬 여기에서 담배 피워도 될까요?

ここでタバコを吸ってもいいですか。
코꼬데 타바코오 슷떼모 이-데스까

💬 습관적으로 담배를 피워요.

彼は習慣的にタバコを吸います。
카레와 슈-깐떼끼니 타바코오 스이마스

💬 그는 골초예요.

彼はタバコ好きです。
카레와 타바코즈끼데스

彼はヘビースモーカーです。
카레와 헤비-스모-카-데스

💬 난 담배를 그다지 많이 피우지 않아요.

私はタバコをあまり多くは吸いません。
와따시와 타바코오 아마리 오-꾸와 스이마셍

💬 한 대 태우자.

一服しよう。
입뿌꾸 시요-

💬 담배 생각이 간절한데요.

タバコが無性に吸いたいです。
타바코가 무쇼-니 스이따이데스

💬 난 담배를 피울 때 연기를 들이마시지 않아요.

私はタバコを吸うとき煙を吸いません。

와따시와 타바코오 스우 토끼 케무리오 스이마셍

💬 담배는 일종의 마약입니다.

タバコは一種の麻薬です。

타바코와 잇슈노 마야꾸데스

💬 흡연은 건강에 해로워요.

喫煙は健康に悪いです。

키쯔엥와 켕꼬-니 와루이데스

💬 담배가 해롭다는 건 누구나가 알고 있는 사실입니다.

タバコが悪いことは誰もが知っている事実です。

타바코가 와루이 코또와 다레모가 싯떼 이루 지지쯔데스

담배

💬 담배 좀 빌려도 될까요?

タバコちょっともらってもいいですか。
타바코 춋또 모랏떼모 이-데스까

💬 담뱃불, 좀 빌려도 될까요?

タバコの火、ちょっと貸していただけますか。
타바코노 히, 춋또 카시떼 이따다께마스까

💬 담배 좀 꺼 주시겠어요?

タバコちょっと消してくださいませんか。
타바코 춋또 케시떼 쿠다사이마셍까

💬 그는 내게 담배를 권했다.

彼は私にタバコを勧めた。
카레와 와따시니 타바코오 스스메따

💬 담배의 유혹을 이기지 못했어요.

タバコの誘惑に勝てませんでした。

타바코노 유-와꾸니 카떼마셍데시따

💬 난, 담배 피우는 사람 옆에 앉고 싶지 않아요.

私は、タバコを吸う人の隣に座りたくありません。

와따시와, 타바코오 스우 히또노 토나리니 스와리따꾸 아리마셍

💬 담배 한 갑에는 20개피 들어 있어요.

タバコ一箱二十本入りです。

타바코 히또하꼬 니쥬뽕 이리데스

💬 식사 중에 담배는 실례예요.

食事中のタバコは失礼です。

쇼꾸지쮸-노 타바코와 시쯔레-데스

💬 담배꽁초를 함부로 버리지 마세요.

吸殻をむやみに捨てないでください。

스이가라오 무야미니 스떼나이데 쿠다사이

💬 담배꽁초는 반드시 재떨이에 버리세요.

吸殻は必ず灰皿に捨ててください。
스이가라와 카나라즈 하이자라니 스떼떼 쿠다사이

💬 담배를 끄지 않은 채로 재떨이에 두지 마세요.

タバコを消さないまま灰皿に置かないでください。
타바코오 케사나이마마 하이자라니 오까나이데 쿠다사이

금연

💬 금연구역.

禁煙エリア。
킹엔 에리아

💬 이곳은 금연이에요.

ここは禁煙です。
코꼬와 킹엔데스

ここは禁煙になっています。
코꼬와 킹엔니 낫떼 이마스

💬 이곳은 금연 빌딩이에요.

ここは禁煙のビルです。
코꼬와 킹엔노 비루데스

💬 그는 담배를 피우지 않아요.

彼はタバコを吸いません。
카레와 타바코오 스이마셍

💬 난 담배를 끊기로 결심했어.

私はタバコをやめると決心した。
와따시와 타바코오 야메루또 켓신시따

💬 난 담배를 끊을 거야.

私はタバコをやめるつもりだ。
와따시와 타바코오 야메루 초모리다

💬 난 담배를 줄이려고 노력하는데 잘 안 되네요.

私はタバコを減らそうとしてもうまくいきません。
와따시와 타바코오 헤라소-또시떼모 우마꾸 이끼마셍

💬 담배를 끊기는 어려워요.

タバコをやめるのは難(むずか)しいです。
타바코오 야메루노와 무즈카시-데스

💬 난 담배를 하루 한 개피로 줄였어요.

私(わたし)はタバコを一日一本(いちにちいっぽん)に減(へ)らしました。
와따시와 타바코오 이찌니찌 입뽕니 헤라시마시따

💬 그를 설득해서 담배를 끊게 했어요.

彼(かれ)を説得(せっとく)してタバコをやめさせました。
카레오 셋또꾸시떼 타바코오 야메사세마시따

💬 그는 담배를 완전히 끊어야 해.

彼(かれ)はタバコを完全(かんぜん)にやめるべきです。
카레와 타바코오 칸젠니 야메루베끼데스

Unit 5 취미

취미 묻기

💬 취미가 뭐예요?
趣味は何ですか。
슈미와 난데스까

↳ 정중하게 물을 때는 ご**趣味**라고 합니다.

💬 특별한 취미가 있습니까?
特別な趣味はありますか。
토꾸베쯔나 슈미와 아리마스까

💬 소일거리로 뭘 하세요?
暇つぶしに何をしますか。
히마쯔부시니 나니오 시마스까

💬 한가할 때는 뭘 하세요?
暇な時は何をしますか。
히마나 토끼와 나니오 시마스까

💬 기분전환으로 뭘 하세요?

気分転換に何をしますか。
키분뗑깐니 나니오 시마스까

気晴らしにどんなことをなさいますか。
키바라시니 돈나 코또오 나사이마스까

💬 어떤 것에 흥미를 갖고 있어요?

どんな事に興味を持っていますか。
돈나 코또니 쿄-미오 못떼 이마스까

취미 대답하기

💬 저는 취미가 다양해요.

私はいろいろな趣味を持っています。
와따시와 이로이로나 슈미오 못떼 이마스

💬 특별한 취미는 없어요.

特別な趣味はありません。

토꾸베쯔나 슈미와 아리마셍

💬 그는 재미있는 취미가 있어요.

彼はおもしろい趣味を持っています。

카레와 오모시로이 슈미오 못떼 이마스

💬 난 그런 일에는 취미가 없어.

私はそんな事に興味がない。

와따시와 손나 코또니 쿄-미가 나이

💬 그냥 집에 있어요.

ただ家にいます。

타다 이에니 이마스

💬 우리는 취미에 공통점이 많네요.

私たちは趣味に共通点が多いですね。

와따시따찌와 슈미니 쿄-쯔-뗑가 오-이데스네

💬 같은 취미를 갖고 있는 사람들과 동아리를 만들었다.

同じ趣味を持った人たちとサークルを作った。

오나지 슈미오 못따 히또따찌또 사-쿠루오 츠꿋따

💬 왠지 뭘 해도 오래 지속하지 못해요.

私は何をするにも長く続きません。

와따시와 나니오 스루니모 나가꾸 츠즈끼마셍

💬 취미는 있지만, 일이 바빠서 여유가 없어.

趣味はあるけど、仕事が忙しくてそれどころじゃないよ。

슈미와 아루께도, 시고또가 이소가시꾸떼 소레도꼬로쟈나이요

사진

💬 사진 촬영은 제 취미 중 하나예요.

写真撮影は私の趣味の一つです。

샤신사쯔에-와 와따시노 슈미노 히또쯔데스

💬 최근, 인물사진 찍기에 흥미를 가지기 시작했다.

最近、人物写真を撮ることに興味を持ち始めた。

사이낑, 진부쯔 샤싱오 토루 코또니 쿄-미오 모찌하지메따

💬 집에 암실이 있어요.

家に暗室があります。

이에니 안시쯔가 아리마스

💬 밤하늘에 떠 있는 별을 찍는 것은 재미있습니다.

夜空の星を撮るのはおもしろいです。

요조라노 호시오 토루노와 오모시로이데스

💬 어떤 종류의 카메라를 갖고 있어요?

どんな種類のカメラを持っていますか。

돈나 슈루이노 카메라오 못떼 이마스까

스포츠

💬 무슨 스포츠를 좋아하세요?

どんなスポーツが好きですか。
돈나 스포-츠가 스끼데스까

💬 스포츠라면 어떤 종류든 좋아해요.

スポーツならどんな種類でも好きです。
스포-츠나라 돈나 슈루이데모 스끼데스

💬 스포츠는 무엇이든 해요.

運動なら何でもできます。
운도-나라 난데모 데끼마스

💬 저는 스포츠광이에요.

私はスポーツマニアです。
와따시와 스포-츠마니아데스

💬 그는 만능 스포츠맨이에요.

彼はスポーツ万能です。
카레와 스포-츠반노-데스

💬 어떤 스포츠라도 서툴러요.

どんな運動も下手です。
돈나 운도-모 헤따데스

運動は全て苦手です。
운도-와 스베떼 니가떼데스

💬 운동신경이 굉장히 좋아 보이네요.

すごく運動神経が良さそうに見えますね。
스고꾸 운도-싱께-가 요사소-니 미에마스네

💬 운동신경이 둔해요.

運動神経が鈍いです。
운도-싱께가 니부이데스

💬 이제부터 운동할 거예요.

これから運動をしようと思います。
코레까라 운도-오 시요-또 오모이마스

💬 요즘 운동 부족이에요.

このところ運動不足です。
코노또꼬로 운도-부소꾸데스

💬 건강을 위해 매일 걷고 있어요.

健康のために毎日歩いています。

켕꼬-노 타메니 마이니찌 아루이떼 이마스

💬 최근 조깅을 시작했어요.

最近ジョギングを始めました。

사이낑 죠깅구오 하지메마시따

💬 강변을 따라 인라인 스케이트를 타요.

川沿いでインラインスケートをします。

카와조이데 인라인스케-토오 시마스

💬 요가를 계속할 생각이에요.

ヨガを続けるつもりです。

요가오 츠즈께루 츠모리데스

💬 저는 태권도 3단이에요.

私はテコンドー三段です。

와따시와 테콘도- 산단데스

💬 여름 스포츠 중에서는 수영을 제일 좋아해요.

夏のスポーツでは、水泳が一番好きです。

나쯔노 스포-츠데와 스이에-가 이찌방 스끼데스

💬 특기는 배영이에요.

特技は背泳ぎです。

토꾸기와 세오요기데스

↘ 背泳 = バックストローク

💬 저는 맥주병이에요.

私はカナヅチです。

와따시와 카나즈치데스

💬 저는 수영을 전혀 못 해요.

私は水泳が全然できません。

와따시와 스이에-가 젠젱 데끼마셍

私は水泳がまったくできません。

와따시와 스이에-가 맛따꾸 데끼마셍

💬 우리 가족은 매년 여름에 래프팅하러 가요.

私の家族は毎年夏にラフティングをしに行きます。

와따시노 카조꾸와 마이또시 나쯔니 라후팅구오 시니 이끼마스

💬 겨울이 되면 매주 스키를 타러 가요.

冬になると毎週スキーに行きます。

후유니 나루또 마이슈- 스키-니 이끼마스

💬 전 스노보드 광이에요.

私はスノーボードマニアです。

와따시와 스노-보-도마니아데스

💬 스포츠는 하는 것보다 보는 것을 좋아해요.

スポーツはするより見る方が好きです。

스포-츠와 스루요리 미루 호-가 스끼데스

구기 스포츠

💬 요즘 테니스에 빠져 있습니다.

最近(さいきん)テニスにはまってます。

사이낑 테니스니 하맛떼마스

💬 언젠가 같이 치러 가죠.

いつか一緒(いっしょ)にやりましょう。

이쯔까 잇쇼니 야리마쇼-

💬 TV 야구 중계를 자주 봐요.

テレビの野球中継(やきゅうちゅうけい)をたびたび見(み)ます。

테레비노 야뀨-쮸-께-오 타비따비 미마스

💬 야구팀에서 3루수를 맡고 있어요.

野球(やきゅう)チームでの守備(しゅび)はサードです。

야뀨- 치무데노 슈비와 사-도데스

247

💬 그 선수 타율은?

その選手の打率は?

소노 센슈노 다리쯔와?

💬 지금 몇 회예요?

今何回ですか。

이마 낭까이데스까

💬 만루예요.

満塁です。

만루이데스

💬 지금 어느 쪽이 이기고 있어?

今どっちが勝ってるの?

이마 돗찌가 캇떼루노?

💬 어제 우리 팀이 2:0으로 이겼어요.

昨日私のチームが二対ゼロで勝ちました。

키노- 와따시노 치-무가 니타이 제로데 카찌마시따

💬 야구는 어느 팀 팬이에요?

野球はどこのチームのファンですか。
야뀨-와 도코노 치-무노 환데스까

💬 요즘 골프에 빠져 있어요.

最近ゴルフにはまっています。
사이낑 고루후니 하맛떼이마스

💬 골프가 왜 즐거운지 모르겠어요.

ゴルフの何が楽しいのか、分かりません。
고루후노 나니가 타노시-노까, 와까리마셍

💬 전 축구팀의 후보선수예요.

私はサッカーチームのほけつです。
와따시와 삭카-치-무노 호께쯔데스

私はサッカーチームのベンチウォーマーです。
와따시와 삭카-치-무노 벤치워-마-데스

💬 어제 축구 경기는 상당히 접전이었어요.

昨日(きのう)のサッカーゲームはものすごい接戦(せっせん)でした。

키노-노 삭카-게-무와 모노스고이 셋센데시따

💬 경기는 무승부로 끝났어요.

競技(きょうぎ)は引(ひ)き分(わ)けで終(お)わりました。

쿄-기와 히끼와께데 오와리마시따

💬 어느 축구팀을 응원하세요?

どのサッカーチームを応援(おうえん)しますか。

도노 삭카-치-무오 오-엔시마스까

💬 축구는 내 관심이 없어요.

私(わたし)はサッカーに興味(きょうみ)がありません。

와따시와 삭카-니 쿄-미가 아리마셍

음악 감상

💬 어떤 음악을 좋아하세요?

どんな音楽が好きですか。
돈나 옹가꾸가 스끼데스까

💬 음악이라면 어떤 것이든 즐겨 들어요.

音楽なら何でもよく聞きます。
옹가꾸나라 난데모 요꾸 키끼마스

💬 특히 클래식을 좋아합니다.

特にクラシックが好きです。
토꾸니 쿠라식쿠가 스끼데스

💬 시간이 날 때는 팝 음악을 들어요.

時間がある時はポップミュージックを聴きます。
지깡가 아루 토끼와 폽푸뮤-직쿠오 키끼마스

💬 좋아하는 가수는 누구예요?

好きな歌手は誰ですか。
스끼나 카슈와 다레데스까

💬 아라시의 콘서트를 빠지지 않고 갔었어요.

嵐のコンサートはもれなく行きました。
아라시노 콘사-토와 모레나꾸 이끼마시따

> 嵐는 일본의 유명한 인기 남성 아이돌 그룹으로, 일본은 물론 우리나라에도 많은 팬을 두고 있습니다.

악기 연주

💬 악기를 다룰 줄 아세요?

楽器を弾けますか。
각끼오 히께마스까

何か楽器を演奏できますか。
나니까 각끼오 엔소-데끼마스까

💬 피아노를 조금 칩니다.

ピアノを少し弾きます。
피아노오 스꼬시 히끼마스

💬 열 살 때부터 바이올린을 치고 있어요.

10歳の時からバイオリンを弾いています。
쥿사이노 토끼까라 바이오링오 히-떼 이마스

💬 어렸을 때 10년간 피아노를 배웠어요.

小さい時10年間ピアノを習いました。
치-사이 토끼 쥬-넹깡 피아노오 나라이마시따

💬 취미로 기타를 배우고 있어요.

趣味でギターを習っています。
슈미데 기타-오 나랏떼 이마스

💬 기타를 독학으로 배웠습니다.

ギターを独学で学びました。
기타-오 도꾸가꾸데 마나비마시따

253

영화 감상

💬 영화 보기를 좋아합니다.
映画観ることが好きです。
에-가 미루 코또가 스끼데스

💬 난 영화광입니다.
私は映画マニアです。
와따시와 에-가 마니아데스

💬 어떤 영화를 좋아하세요?
どんな映画が好きですか。
돈나 에-가가 스끼데스까

💬 저는 미스터리 영화, 특히 탐정물을 좋아해요.
私はミステリー映画、特に探偵ものが好きです。
와따시와 미스테리-에-가, 토꾸니 탄떼-모노가 스끼데스

💬 공포 영화를 자주 봅니다.

ホラー映画をたびたび観ます。
호라- 에-가오 타비따비 미마스

💬 슬픈 영화를 가장 좋아해요.

悲しい映画が一番好きです。
카나시- 에-가가 이찌방 스끼데스

💬 굉장히 무서운 영화라서 그날 밤에는 잠을 잘 수 없었어요.

とても怖い映画だったのでその夜はよく眠れませんでした。
토떼모 코와이 에-가닷따노데 소노 요루와 요꾸 네무레마셍데시따

💬 지금까지 가장 좋았던 영화는 '반지의 제왕'입니다.

今まで一番好きだった映画は「ロードオブザリング」です。
이마마데 이찌방 스끼닷따 에-가와
'로-도오부자링구'데스

💬 그 영화의 주연은 누구인가요?

あの映画の主演は誰ですか。
아노 에-가노 슈엥와 다레데스까

💬 그녀가 주연한 영화는 모두 봤어요.

彼女が主演の映画は全部観ました。
카노죠가 슈엔노 에-가와 젬부 미마시따

💬 좋아하는 남자 배우, 여자 배우는 누구입니까?

好きな男優、女優は誰ですか。
스끼나 당유-, 죠유-와 다레데스까

극장 가기

💬 영화 보러 자주 가세요?

よく、映画を観に行きますか。
요꾸, 에-가오 미니 이끼마스까

💬 한 달에 두세 편은 봐요.

一ヶ月に二つか三つは観ます。
익까게쯔니 후따쯔까 밋쯔와 미마스

💬 저는 좀처럼 극장에 가지 않아요.

私はめったに映画館に行けません。
와따시와 멧따니 에-가깐니 이께마셍

💬 극장에 가기보다 TV 영화 보는 것을 좋아합니다.

映画館に行くよりテレビの映画を観る方が好きです。
에-가깐니 이꾸요리 테레비노 에-가오 미루 호-가 스끼데스

💬 오늘 밤에 영화 보러 가자.

今夜、映画観に行こうよ。
콩야, 에-가 미니 이꼬-요

💬 지금 극장에서 뭐 하지?

今映画館で何をやってる?
이마 에-가깐데 나니오 얏떼루?

독서

💬 제 취미는 소설 읽기예요.
私の趣味は小説を読むことです。
와따시노 슈미와 쇼-세쯔오 요무 코또데스

💬 저는 책벌레예요.
私は本の虫です。
와따시와 혼노 무시데스

💬 한가할 땐 독서로 시간을 보내요.
暇な時読書で時間をつぶします。
히마나 토끼 도꾸쇼데 지깡오 츠부시마스

💬 한 달에 몇 권 정도 읽으세요?
一ヶ月に何冊ぐらい読みますか。
익까게쯔니 난사쯔구라이 요미마스까

💬 최근 바빠서 책을 읽을 시간이 없습니다.
最近忙しくて本を読む時間がありません。
사이낑 이소가시꾸떼 홍오 요무 지깡가 아리마셍

💬 어떤 책을 즐겨 읽으세요?

どんな本をよく読みますか。
돈나 홍오 요꾸 요미마스까

💬 책을 많이 읽으세요?

本をたくさん読みますか。
홍오 탁상 요미마스까

💬 가장 좋아하는 장르는 무엇입니까?

一番好きなジャンルは何ですか。
이찌방 스끼나 쟈루와 난데스까

💬 저는 손에 잡히는 대로 읽는 편이에요.

私は手当たり次第に読む方です。
와따시와 테아따리시다이니 요무 호-데스

💬 일 년에 50권 이상 읽어요.

一年に50冊以上読みます。
이찌넨니 고쥿사쯔 이죠- 요미마스

- 탐정 소설을 아주 좋아해요.

   探偵小説がとても好きです。
   탄떼- 쇼-세쯔가 토떼모 스끼데스

- 요즘은 로맨스 소설에 빠져 있어요.

   最近は恋愛小説にはまっています。
   사이낑와 렝아이 쇼-세쯔니 하맛떼 이마스

- 소설보다는 시를 좋아해요.

   小説よりも詩が好きです。
   쇼-세쯔요리모 시가 스끼데스

- 좋아하는 작가는 누구인가요?

   好きな作家は誰ですか。
   스끼나 삭까와 다레데스까

- 무라카미 하루키를 가장 좋아해요.

   村上春樹が一番好きです。
   무라까미하루끼가 이찌방 스끼데스

   ↘ **村上春樹**는 일본의 유명 현대 소설가로, 대표작은 〈상실의 시대〉, 〈노르웨이의 숲〉 등이 있습니다.

💬 그의 작품은 모두 읽었습니다.
彼の作品は全部読みました。
카레노 사꾸힝와 젬부 요미마시따

💬 최근, 연예인들의 에세이가 화제입니다.
最近、芸能人たちのエッセーが話題です。
사이낑, 게-노-진따찌노 엣세-가 와다이데스

💬 'Casa'를 정기구독하고 있어요.
「Casa」を定期購読しています。
'카사'오 테이끼 코-도꾸시떼 이마스

💬 이 책에서 큰 감동을 받았어요.
この本を読んでとても感動しました。
코노 홍오 욘데 토떼모 칸도-시마시따

십자수

💬 그녀는 십자수 놓기를 즐겨요.

彼女はクロスステッチを楽しみます。
<small>かのじょ / たの</small>

카노죠와 쿠로스스텟치오 타노시미마스

💬 십자수는 잘하지 못해요.

クロスステッチは上手ではありません。
<small>じょうず</small>

쿠로스스텟치와 죠-즈데와 아리마셍

クロスステッチをする才能がありません。
<small>さいのう</small>

쿠로스스텟치오 스루 사이노-가 아리마셍

💬 새로운 십자수 패턴을 찾고 있어요.

新しいクロスステッチのパターンを探しています。
<small>あたら / さが</small>

아따라시- 쿠로스스텟치노 파타-ㅇ오 사가시떼 이마스

💬 아야세 씨는 십자수로 수놓은 초상화를 가지고 있어요.

綾瀬(あやせ)さんはクロスステッチで刺繍(ししゅう)した肖像画(しょうぞうが)を持(も)っています。
아야세상와 쿠로스스텟치데 시슈-시따 쇼-조-가오 못떼 이마스

수집

💬 무엇을 수집하고 있습니까?

何(なに)を集(あつ)めていますか。
나니오 아쯔메떼 이마스까

💬 우표수집을 시작한 지 얼마나 되었나요?

切手(きって)収集(しゅうしゅう)を始(はじ)めて、どれぐらいになりますか。
킷떼슈-슈-오 하지메떼, 도레구라이니 나리마스까

💬 세계의 동전을 모으고 있어요.

世界中(せかいじゅう)のコインを集(あつ)めています。
세까이쥬-노 코잉오 아쯔메떼 이마스

💬 제 동전 컬렉션은 아직 조금 밖에 안 돼요.

私のコインコレクションはまだほんのわずかです。

와따시노 코잉코레쿠숑와 마다 혼노와즈까데스

💬 골동품을 모으기 시작한 것은 작년부터예요.

骨董品を集め始めたのは去年からです。

콧또-힝오 아쯔메하지메따노와 쿄넹까라데스

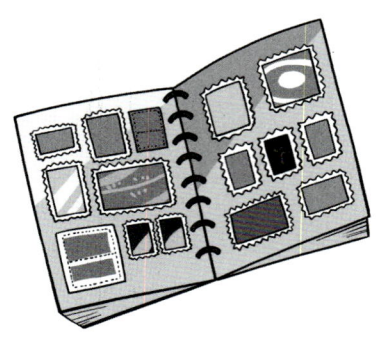

Unit 6 애완동물

MP3. C3_U6

애완동물

💬 동물 기르는 것을 좋아해요.

動物を飼うのが好きです。
도-부쯔오 카우노가 스끼데스

💬 어떤 애완동물을 기르고 있습니까?

どんなペットを飼っていますか。
돈나 펫토오 캇떼 이마스까

💬 어렸을 때 애완동물 길러봤어요?

小さい時ペット飼ったことがあります か。
치-사이 토끼 펫토 캇따 코또가 아리마스까

💬 어떤 종류의 애완동물을 기르고 싶어요?

どんな種類のペットを飼いたいです か。
돈나 슈루이노 펫토오 카이따이데스까

💬 애완동물로 뭐가 좋을까, 강아지? 아니면 새끼 고양이?

ペットで何がいいかな、子犬？それとも子猫？

펫토데 나니가 이-까나, 코이누? 소레또모 코네꼬?

💬 부모님은 개 키우는 것을 허락하지 않아요.

両親は犬を飼うことをゆるしません。

료-싱와 이누오 카우 코또오 유루시마셍

💬 개를 키우고 싶지만, 아파트에 살고 있어서 키울 수 없어요.

犬を育てたいのですけど、アパートに住んでいるので飼ってられません。

이누오 소다떼따이노데스께도, 아파-토니 슨데 이루노데 캇떼라레마셍

💬 죄송합니다만, 애완동물은 출입금지입니다.

すみませんが、ペットは出入り禁止です。

스미마셍가, 펫토와 데이리킨시데스

💬 이곳은 애완동물 데려와도 되나요?

ここはペットをつれて来てもいいですか。

코꼬와 펫토와 츠레떼 키떼모 이-데스까

💬 애완동물 기르기는 아이들에게 책임감을 가르쳐 줍니다.

ペットを飼うことは子供たちに責任感を教えてくれます。

펫토오 카우 코또와 코도모따찌니 세끼닝깡오 오시에떼 쿠레마스

애완동물 - 개

💬 매일 저녁, 개를 데리고 산책하러 가요.

毎日夕方、犬を連れて散歩に行きます。

마이니찌 유-가따, 이누오 츠레떼 삼뽀니 이끼마스

💬 난 강아지를 쓰다듬고 있었어요.

私は子犬を撫でていました。

와따시와 코이누오 나데떼 이마시따

💬 난 강아지에게 먹이를 주고 있었어요.

私は子犬に餌をあげていました。

와따시와 코이누니 에사오 아게떼 이마시따

💬 그 강아지, 제가 길러도 돼요?

その子犬、私が飼ってもいいですか。

소노 코이누, 와따시가 캇떼모 이-데스까

💬 난 강아지에게 '케니'라고 이름을 지었습니다.

私は子犬に「ケニー」と名前をつけました。

와따시와 코이누니 '케니-'또 나마에오 츠게마시따

💬 다섯 살 난 잡종개를 키우고 있어요.

5歳の雑種犬を飼っています。

고사이노 잣슈껭오 캇떼 이마스

💬 우리 개는 온순해요.

私の犬はおとなしいです。

와따시노 이누와 오또나시-데스

💬 우리 강아지는 낯선 사람에게 달려들어 물어요.

私の子犬はしらない人に噛み付きます。

와따시노 코이누와 시라나이 히또니 카미쯔끼마스

💬 그의 개는 아무데나 대소변을 본다.

彼の犬はどこでも大小便をする。

카레노 이누와 도꼬데모 다이쇼-벵오 스루

💬 이 강아지는 잘 길들여져 있어요.

この子犬はよくてなずけられています。

코노 코이누와 요꾸 테나즈께라레떼 이마스

💬 개는 낯선 사람을 잘 따르지 않는다.

犬は見知らぬの人にはあまり懐かない。

이누와 미시라누 히또니와 아마리 나쯔까나이

💬 개가 아이들과 잔디밭에서 뛰어다녔다.

犬が子供たちと芝生で遊び回った。

이누가 코도모따찌또 시바후데 아소비마왓따

💬 개는 주인에게 충실하다.

犬は主人に忠実だ。

이누와 슈진니 츄-지쯔다

💬 우리 집 개가 임신했어.

私の家の犬が妊娠した。

와따시노 이에노 이누가 닌신시따

💬 강아지들이 배가 고파서 낑낑거렸다.
子犬たちがお腹がすいてだだをこねた。
코이누따찌가 오나까가 스이떼 다다오 코네따

💬 강아지가 깽깽거렸다.
子犬がきゃんきゃんないた。
코이누가 캬캬 나이따

💬 네 강아지, 수의사한테 데리고 가 봤니?
あなたの子犬、獣医に連れて行ったの?
아나따노 코이누, 쥬-이니 츠레떼 잇따노?

💬 우리 강아지가 아픈 것 같아요.
私の犬が病気のようです。
와따시노 이누가 뵤-끼노 요-데스

💬 우리는 그 강아지를 찾아다녔지만, 아무데도 없었다.

私たちはその子犬を探し回ったが、どこにもいなかった。

와따시따찌와 소노 코이누오 사가시마왓따가,
도꼬니모 이나깟따

💬 강아지가 죽어서, 난 너무 슬펐어요.

子犬が死んで、私はとても悲しかったです。

코이누가 신데, 와따시와 토떼모 카나시깟따데스

💬 강아지 중성화 수술을 하려고요.

子犬の中性化手術をすると思います。

코이누노 츄-세-까 슈쥬쯔오 스루또 오모이마스

애완동물 - 고양이

💬 고양이가 매트 위에서 기지개를 켰다.

猫がマットの上で伸びをした。
네꼬가 맛토노 우에데 노비오 시따

💬 고양이가 발톱으로 날 할퀴었다.

猫が爪で私を引っ掻いた。
네꼬가 츠메데 와따시오 힉까이따

💬 고양이 꼬리를 갖고 장난치지 마세요.

猫のしっぽを持っていたずらをしないでください。
네꼬노 십뽀오 못떼 이따즈라오 시나이데 쿠다사이

💬 새끼 고양이가 슬리퍼를 물어뜯었다.

子猫がスリッパをかみちぎった。
코네꼬가 스립빠오 카미찌깃따

💬 우리 집 고양이가 새끼 세 마리를 낳았다.

私の家の猫が子猫3匹を産んだ。
와따시노 이에노 네꼬가 코네꼬 삼비끼오 운다

💬 고양이가 목을 그르렁거린다.

猫がごろごろなく。

네꼬가 고로고로 나꾸

애완동물 - 기타

💬 내 햄스터는 양배추를 즐겨 먹는다.

私のハムスターはキャベツをよく食べます

와따시노 하무스타-와 캬베츠오 요꾸 타베마스

💬 햄스터를 우리에 넣어 기르세요.

ハムスターを檻に入れて飼ってください。

하무스타-오 오리니 이레떼 캇떼 쿠다사이

💬 그는 애완용 뱀을 키워요.

彼は蛇のペットを飼います。

카레와 헤비노 펫토오 카이마스

彼のペットは蛇です。
카레노 펫토와 헤비데스

💬 애완동물로 딱정벌레를 키우는 사람도 있어.

ペットでカブトムシを飼う人もいる。
펫토데 카부토무시오 카우 히또모 이루

💬 그는 금붕어에게 먹이를 너무 많이 줘서 죽이고 말았어.

彼は金魚に餌を多くやりすぎて殺してしまった。
카레와 킹교니 에사오 오-꾸 야리스기떼 코로시떼 시맛따

Unit 7 식물 가꾸기

MP3. C3_U7

식물

💬 우리는 세 개의 화분에 콩을 심었다.

私たちは三つの植木鉢に豆を植えた。

와따시따찌와 밋쯔노 우에끼바찌니 마메오 우에따

💬 어제 식물을 정원에 옮겨 심었어요.

昨日植物を庭にうえました。

키노- 쇼꾸부쯔오 니와니 우에마시따

> 외부에서 사온 식물을 정원에 옮길 때

昨日植物を庭にうえかえました。

키노- 쇼꾸부쯔오 니와니 우에까에마시따

> 원래 있던 식물의 자리를 옮길 때

💬 저 화분은 일주일에 한 번 이상 물을 주면 안 돼요.

あの植木鉢は一週間に一度以上水をやるとだめです。

아노 우에끼바찌와 잇쮸-깐니 이찌도 이죠- 미즈오 야루또 다메데스

💬 네 화분은 잘 자라는데, 왜 내 것은 시드는 거지?

あなたの植木鉢はよく育つのに、どうして私のは枯れるの?

아나따노 우에끼바찌와 요꾸 소다쯔노니, 도-시떼 와따시노와 카레루노?

💬 최근 정원 가꾸기에 몰두하고 있어요.

最近庭いじりに夢中になっています。

사이낑 니와이지리니 무쮸-니 낫떼 이마스

最近ガーデニングに夢中になっています。

사이낑 가-데닝구니 무쮸-니 낫떼 이마스

💬 가족을 위해 마당에 채소를 기르고 있어요.

家族のために庭に野菜を作っています。

카조꾸노 타메니 니와니 야사이오 츠꿋떼 이마스

💬 장미는 특별히 보살펴 줘야 해요.

バラは特別な世話をしなければなりません。
바라와 토꾸베쯔나 세와오 시나께레바 나리마셍

💬 튤립 뿌리를 정원에 심었어요.

チューリップの根を庭に植えました。
츄-립푸노 네오 니와니 우에마시따

💬 틈틈이 정원의 잡초를 뽑아요.

時々庭のざっそを抜きます。
토끼도끼 니와노 잣소오 누끼마스

Chapter 4
여행가서도 척척!

Unit 1 **출발 전**
Unit 2 **공항**
Unit 3 **기내**
Unit 4 **숙박**
Unit 5 **관광**
Unit 6 **교통**

Unit 1 출발 전

MP3. C4_U1

항공권 예약

💬 목적지가 어디입니까?

行き先はどこですか。

유끼사끼와 도꼬데스까

💬 언제 출발할 예정인가요?

いつ出発する予定ですか。

이쯔 슙빠쯔스루 요떼-데스까

💬 왕복 티켓인가요, 편도 티켓인가요?

往復チケットですか、片道チケットですか。

오-후꾸 치켓토데스까, 카따미찌 치켓토데스까

💬 편도 요금은 3,000엔이고, 왕복 요금은 4,000엔입니다.

片道料金は3000円で、往復料金だと4000円です。

카따미찌 료-낑와 산젱엔데, 오-후꾸 료-낀다또 욘셍엔데스

💬 도쿄행 이코노미석 티켓 요금은 얼마인가요?

東京行きエコノミー席のチケット料金はいくらですか。

토-꾜-유끼 에코노미-세끼노 치켓토 료-낑와 이꾸라데스까

💬 그럼, 왕복표로 주세요.

じゃ、往復チケットでお願いします。

쟈, 오-후꾸 치켓토데 오네가이시마스

💬 교토행 편도 한 장 부탁 드립니다.

京都行き片道一枚お願いします。

쿄-토유끼 카따미찌 이찌마이 오네가이시마스

💬 후쿠오카에서 서울로 가는 비행기를 예약하고 싶은데요.

福岡からソウル行き飛行機を予約したいのですが。

후꾸오까까라 소우루유끼 히꼬-끼오 요야꾸시따이노데스가

💬 그날 좌석은 지금 만석이어서, 대기자로 됩니다.

その日の席はただいま満席でございまして、キャンセル待ちとなります。

소노 히노 세끼와 타다이마 만세끼데고자이마시떼, 캰세루마찌또 나리마스

예약 확인 및 변경

💬 예약 재확인을 하고 싶습니다만.

リコンファームしたいんですが。

리콩화-무시따인데스가

💬 성함과 비행편을 말씀해 주시겠어요?

お名前と便名をおっしゃってくださいませんか。

오나마에또 빔메-오 옷샷떼 쿠다사이마셍까

💬 예약 번호를 가르쳐 주시겠습니까?

予約番号を教えていただけますか。

요야꾸 방고-오 오시에떼 이따다께마스까

💬 12월 1일 서울행 704편입니다. 제 예약번호는 123456입니다.

12月1日ソウル行き704便です。
私の予約番号は123456です。

쥬-니가쯔 츠이따찌 소우루유끼 나나마루욤빙데스.
와따시노 요야꾸 방고-와 이찌니산용고로꾸데스

💬 4월 1일의 예약을 취소하고, 4월 10일로 예약해 주세요.

4月1日の予約を取り消して、4月10日で予約してください。

시가쯔 츠이따찌노 요야꾸오 토리께시떼,
시가쯔 토-까데 요야꾸시떼 쿠다사이

285

여권

💬 여권을 신청하려 합니다만.

パスポートを申請しようと思うのですが。

파스포-토오 신세-시요-또 오모우노데스가

💬 여권을 발급하려면 어디로 가야 하나요?

パスポートを発給するにはどこに行けばいいんですか。

파스포-토오 학뀨-스루니와 도꼬니 이께바이-ㄴ데스까

💬 여권을 만드는 데 얼마나 걸리나요?

パスポートを作るのにどのぐらいかかりますか。

파스포-토오 츠꾸루노니 도노구라이 카까리마스까

💬 여권을 발급하려면 무엇을 준비해야 하나요?

パスポートを発給するには何を準備すればいいんですか。

파스포-토오 학뀨-스루니와 나니오 쥼비스레바 이-ㄴ데스까

💬 제 여권이 금년 말로 만기가 됩니다.

私のパスポートが今年末で満期になります。

와따시노 파스포-토가 코또시마쯔데 망끼니 나리마스

비자

💬 비자를 받기 위해 필요한 서류로 무엇이 있습니까?

ビザを取るのに必要な書類って何がありますか。

비자오 토루노니 히쯔요-나 쇼루잇떼 나니가 아리마스까

💬 비자를 받는 데 얼마나 걸리죠?

ビザをもらうのに、いくらかかりますか。
비자오 모라우노니, 이꾸라 카까리마스까

💬 이 비자의 유효 기간은 30일입니다.

このビザの有効期間は30日です。
코노 비자노 유-꼬-키깡와 산쥬-니찌데스

💬 비자 발급이 허가되었는지 알고 싶은데요.

ビザの発給が許可されてるかどうか知りたいのですが。
비자노 학뀨-가 쿄까사레떼루까도-까 시라따이노데스가

💬 비자 신청은 이번이 두 번째입니다.

ビザの申請は今度が二回目です。
비자노 신세-와 콘도가 니까이메데스

💬 비자 연장을 신청하고 싶은데요.

ビザの延長を申請したいのですが。
비자노 엔쬬-오 신세-시따이노데스가

💬 여권이 한 달 뒤에 만료되어서 새 여권이 되기 전은 비자 발급이 안 됩니다.

パスポートが一ヶ月後に満了になるので新しいパスポートができる前はビザの発給ができません。

파스포-토가 익까게쯔고니 만료-니 나루노데
아따라시- 파스포-토가 데끼루 마에와 비자노
학뀨-가 데끼마셍

💬 만기 전에 비자를 갱신하세요.

満期になる前にビザを更新してください。

망끼니 나루 마에니 비자오 코-신시떼 쿠다사이

💬 무슨 비자를 갖고 계십니까?

どんなビザを持っていますか。

돈나 비자오 못떼 이마스까

💬 학생 비자로 방문하셨군요.

学生ビザで訪問されたんですね。

각세- 비자데 호-몬사레딴데스네

Unit 2 공항

공항 이용

💬 늦어도 출발 시간 한 시간 전에는 탑승 수속을 해 주세요.

遅くても出発時間の一時間前には搭乗手続をしてください。

오소꾸떼모 슙빠쯔 지깐노 이찌지깐 마에니와
토-죠-테쯔즈끼오 시떼 쿠다사이

💬 부치실 짐이 있습니까?

お預けの荷物はありますか。

오아즈께노 니모쯔와 아리마스까

💬 고베로 가는 연결편을 타야 하는데요.

神戸行きの乗り継ぎ便に乗らないといけないんですが。

코-베유끼노 노리쯔기빈니 노라나이또
이께나인데스가

💬 국제선 터미널은 어디인가요?

国際線ターミナルはどこですか。

콕사이센 타-미나루와 도꼬데스까

티켓팅

💬 대한항공 카운터는 어디입니까?

KALのカウンターはどこですか。
카루노 카운타-와 도꼬데스까

💬 다음 창구로 가십시오.

隣の窓口に行ってください。
토나리노 마도구찌니 잇떼 쿠다사이

💬 금연석으로 주세요.

禁煙席でお願いします。
킹엔세끼데 오네가이시마스

💬 창가쪽 좌석을 부탁합니다.

窓側の席をお願いします。
마도가와노 세끼오 오네가이시마스

💬 체크인은 몇 시입니까?

チェックインは何時ですか。
첵쿠잉와 난지데스까

💬 서울행 일본항공은 몇 번 게이트입니까?

ソウル行きの日本航空は何番ゲートですか。

소우루유끼노 니홍쿠꼬- 와 남방 게-토데스까

보딩

💬 탑승 수속은 언제부터 합니까?

搭乗手続はいつからですか。

토-죠-테쯔즈끼와 이쯔까라데스까

💬 어느 출구로 가면 됩니까?

どの出口に行けばいいですか。

도노 데구찌니 이께바 이-데스까

💬 탑승은 출발 30분 전에 시작됩니다.

搭乗は出発30分前に始まります。

토-죠-와 슙빠쯔 산쥽뿡 마에니 하지마리마스

💬 곧 탑승을 시작하겠습니다.

すぐに搭乗を始めます。

스구니 토-죠-오 하지메마스

💬 대한항공 702편을 이용하시는 승객께서는 12번 출구에서 탑승 수속을 하시기 바랍니다.

KAL702便に乗るお客様は12番 出口で搭乗手続をしてください。

카루 나나제로니빈니 노루 오꺄꾸사마와 쥬-니방 데구찌데 토-죠-테쯔즈끼오 시떼 쿠다사이

세관

💬 세관신고서를 작성해 주세요.

税関申告書を書いてください。

제-깐싱꼬꾸쇼- 카이떼 쿠다사이

💬 세관신고서를 보여 주시겠어요?

税関申告書を見せていただけますか。

제-깐싱꼬꾸쇼오 미세떼 이따다께마스까

💬 신고하실 물품이 있습니까?

申告するものはありますか。
싱꼬꾸스루 모노와 아리마스까

💬 신고할 것은 없습니다.

申告するものはありません。
싱꼬꾸스루 모노와 아리마셍

💬 가방을 테이블 위에 놔 주세요.

かばんをテーブルの上に載せてください。
카방오 테-부루노 우에니 노세떼 쿠다사이

💬 이것은 제가 사용하는 거예요.

これは私が使うものです。
코레와 와따시가 츠까우모노데스

💬 액체류는 반입할 수 없습니다.

液体類は持ち込めません。
에끼타이루이와 모찌꼬메마셍

면세점 이용

💬 면세점은 어디에 있나요?

免税店はどこにありますか。
멘제-뗑와 도꼬니 아리마스까

💬 면세점에서 쇼핑할 시간이 있을까요?

免税店で買い物する時間がありますか。
멘제-뗀데 카이모노스루 지깡가 아리마스까

💬 면세점에서는 훨씬 싸요.

免税店ははるかに安いです。
멘제-뗑와 하루까니 야스이데스

💬 여행자 수표도 받습니까?

トラベラーズチェックも使えますか。
토라베라-즈첵쿠모 츠까에마스까

💬 네, 받습니다. 신분증을 갖고 계신가요?

はい、使（つか）えます。身分証（みぶんしょう）を持（も）っていますか。

하이, 츠까에마스. 미분쇼-오 못떼 이마스까

출국 심사

💬 여권을 보여 주시겠어요?

パスポートを見（み）せてくれませんか。

파스포-토오 미세떼 쿠레마셍까

💬 출국신고서 작성법을 알려 주시겠어요?

出国申告書（しゅっこくしんこくしょ）の書（か）き方（かた）を教（おし）えてくれませんか。

슉꼬꾸싱꼬꾸쇼노 카끼까따오 오시에떼 쿠레마셍까

💬 어디까지 가십니까?

どちらまで行（い）かれるんですか。

도찌라마데 이까레룬데스까

💬 도쿄에 가는 중입니다.

東京に行くところです。
<small>とうきょう　　い</small>

토-꾜-니 이꾸 토꼬로데스

💬 언제 돌아오십니까?

いつお帰りですか。
<small>　　　かえ</small>

이쯔 오까에리데스까

💬 일행이 있습니까?

同行の方がいますか。
<small>どうこう　かた</small>

토-꼬-노 카따가 이마스까

입국 심사

💬 여권과 입국신고서를 보여 주시겠어요?

パスポートと入国申告書を見せていただけますか。
<small>　　　　　　にゅうこくしんこくしょ　み</small>

파스포-토또 뉴-꼬꾸싱꼬꾸쇼오 미세떼 이따다께마스까

💬 일본에서 목적지는 어디입니까?

日本での目的地はどこですか。
니혼데노 모꾸떼끼찌와 도꼬데스까

💬 방문 목적은 무엇입니까?

訪問目的は何ですか。
호-몽 모꾸떼끼와 난데스까

💬 관광으로 왔습니다.

観光で来ました。
캉꼬-데 키마시따

💬 일 때문에 왔습니다.

仕事で来ました。
시고또데 키마시따

💬 친척을 만나러 왔어요.

親戚に会うために来ました。
신세끼니 아우따메니 키마시따

💬 여기에 언제까지 머물 예정입니까?

ここにいつまで滞[たいざい]在する予[よてい]定ですか。

코코니 이쯔마데 타이자이스루 요떼-데스까

💬 일주일 간 머물 예정입니다.

一週[いっしゅうかん]間滞[たいざい]在する予[よてい]定です。

잇슈-깡 타이자이스루 요떼-데스

💬 돌아갈 항공권을 갖고 있습니까?

お帰[かえ]りの航[こうくうけん]空券をお持[も]ちですか。

오까에리노 코-꾸-껭오 오모찌데스까

💬 직업은 무엇입니까?

お仕[しごと]事は何[なん]ですか。

오시고또와 난데스까

💬 첫 방문입니까?

初[はじ]めての訪[ほうもん]問ですか。

하지메떼노 호-몬데스까

💬 네, 처음입니다.

はい、初めてです。

하이, 하지메떼데스

💬 단체 여행입니까?

団体旅行ですか。

단따이 료꼬-데스까

💬 어디에 머무르세요?

どこに滞在されますか。

도꼬니 타이자이사레마스까

💬 친구네 집에 머물 거예요.

友達の家に滞在するつもりです。

토모다찌노 이에니 타이자이스루 츠모리데스

💬 신주쿠의 호텔에 머물 겁니다.

新宿のホテルに滞在するつもりです。

신쥬꾸노 호테루니 타이자이스루 츠모리데스

💬 얼마를 소지하고 계십니까?

いくら所持されていますか。
いくら しょじ されていますか。

이꾸라 쇼지사레떼 이마스까

💬 6만엔 갖고 있습니다.

6万円持っています。
6まんえん もって います。

로꾸망엥 못떼 이마스

짐을 찾을 때

💬 수하물 찾는 곳이 어디 있습니까?

バゲージクレームがどこですか。

바게-지쿠레-무가 도꼬데스까

💬 제 짐을 찾으려면 어디로 가야 하나요?

私の荷物を探すためにはどこに行けばいいんですか。
わたしの にもつを さがす ためにはどこに いけば いいんですか。

와따시노 니모쯔오 사가스따메니와 도꼬니 이께바 이인데스까

💬 수하물계로 가세요.

バゲージカウンターに行ってください。
바게-지카운타-니 잇떼 쿠다사이

💬 제 짐이 여기에 없어요.

私の荷物はここにありません。
와따시노 니모쯔와 코꼬니 아리마셍

💬 제 짐이 파손됐어요.

私の荷物が破損しました。
와따시노 니모쯔가 하손시마시따

💬 제 짐이 아직 도착하지 않았어요.

私の荷物がまだ到着しません。
와따시노 니모쯔가 마다 토-쨔구시마셍

마중

💬 공항에 누가 마중 나와 있습니까?

空港(くうこう)に誰(だれ)が出迎(でむか)えにきていますか。

쿠-꼬-니 다레가 데무까에니 키떼 이마스까

💬 공항에 마중 나와 주시겠습니까?

空港(くうこう)に出迎(でむか)えにきてくれませんか。

쿠-꼬-니 데무까에니 키떼 쿠레마셍까

💬 우리를 마중 나와 줘서 감사합니다.

私(わたし)たちを出迎(でむか)えにきてくださって、ありがとうございます。

와따시따찌오 데무까에니 키떼 쿠다삿떼.
아리가또-고자이마스

💬 당신을 마중하도록 차를 예약해 놓을게요.

あなたを出迎(でむか)えるために車(くるま)を予約(よやく)しておきます。

아나따오 데무까에루따메니 쿠루마오 요야꾸시떼 오끼마스

💬 내가 공항에 마중하러 갈게요.

私が空港に出迎えにいきます。
와따시가 쿠-꼬-니 데무까에니 이끼마스

Unit 3 기내

기내에서

💬 탑승권을 보여 주시겠습니까?

搭乗券を見せていただけますか。
토-죠-껭오 미세떼 이따다께마스까

💬 좌석을 안내해 드릴까요?

お席を案内してあげましょうか。
오세끼오 안나이시떼 아게마쇼-까

💬 이쪽입니다. 손님 좌석은 바로 저쪽입니다.

こちらです。お客様の席はちょうどあちらです。
코찌라데스. 오꺄꾸사마노 세끼와 쵸-도 아찌라데스

💬 소지품을 기내에 둬도 됩니까?

持ち物を機内に置いてもいいですか。
모찌모노오 키나이니 오이떼모 이-데스까

💬 이 가방을 선반 위에 놓는 것을 도와주시겠습니까?

このかばんを棚の上に置くことを手伝ってくれませんか。

코노 카방오 타나노 우에니 오꾸 코또오 테쯔닷떼 쿠레마셍까

💬 안전벨트를 매 주십시오.

シートベルトをしめてください。

시-토베루토오 시메떼 쿠다사이

💬 잠시 후에 이륙합니다.

しばらくして離陸します。

시바라꾸시떼 리리꾸시마스

💬 잡지나 읽을거리를 좀 주시겠어요?

雑誌とか読み物をちょっとくれませんか。

잣시또까 요미모노오 촛또 쿠레마셍까

💬 담요와 베개를 주시겠습니까?

毛布と枕をお願いします。
모-후또 마꾸라오 오네가이시마스

💬 실례합니다. 저랑 자리를 바꿔 주실 수 있습니까?

すみません。私と席を換わってくれませんか。
스미마셍. 와따시또 세끼오 카왓떼 쿠레마셍까

💬 실례합니다. 잠시 지나가겠습니다.

すみません。ちょっと通してください。
스미마셍. 춋또 토-시떼 쿠다사이

💬 멀미 봉투 좀 부탁합니다.

シックネスバッグちょっとお願いします。
식쿠네스박구 춋또 오네가이시마스

💬 비행 시간은 얼마나 걸립니까?

飛行時間はどのぐらいかかりま
すか。
히꼬- 지깡와 도노구라이 카까리마스까

💬 도쿄까지 예정된 비행 시간은 두 시간 10분입니다.

東京までの飛行時間は2時間10分
を予定しております。
토-꾜-마데노 히꼬- 지강와 니지깡 쥽뿡오
요떼-시떼 오리마스

💬 도쿄와 뉴욕의 시차는 얼마입니까?

東京とニューヨークの時差はいくら
ですか。
토-꾜-또 뉴-요-쿠노 지사와 이꾸라데스까

💬 비행기가 완전히 멈출 때까지 자리에서 기다려 주세요.

飛行機が完全に止まるまで席でお
待ちください。
히꼬-끼가 칸젠니 토마루마데 세끼데
오마찌쿠다사이

기내식

💬 음료수는 뭘로 하시겠습니까?

飲み物は何がいいですか。

노미모노와 나니가 이-데스까

💬 어떤 음료가 있습니까?

どんな飲み物がありますか。

돈나 노미모노가 아리마스까

💬 음료수를 좀 주세요.

飲み物をお願いします。

노미모노오 오네가이시마스

💬 콜라를 주시겠습니까?

コーラをいただけますか。

코-라오 이따다께마스까

💬 식사는 소고기와 생선 중, 뭘로 하시겠습니까?

お食事はビーフと魚、どちらの方が いいですか。

오쇼꾸지와 비-후또 사까나, 도찌라노 호-가 이-데스까

💬 스테이크로 할게요.

ステーキお願いします。

스테-키 오네가이시마스

💬 물 한 컵 주세요.

お水一杯お願いします。

오미즈 입빠이 오네가이시마스

Unit 4 숙박

숙박 시설 예약

💬 예약을 하고 싶습니다만.

予約をしたいのですが。

요야꾸오 시따이노데스가

💬 오늘 밤 묵을 방이 있습니까?

今晩泊まる部屋がありますか。

콤방 토마루 헤야가 아리마스까

💬 죄송합니다. 방이 만실입니다.

申し訳ございません。部屋が満室です。

모-시와께고자이마셍. 헤야가 만시쯔데스

💬 어떤 방을 원하십니까?

どんな部屋がご希望ですか。

돈나 헤야가 고끼보-데스까

💬 싱글룸이 있습니까?

シングルルームはありますか。
싱구루루-무와 아리마스까

💬 욕실이 있는 싱글룸으로 부탁합니다.

風呂場があるシングルルームをお願いします。
후로바가 아루 싱구루루-무오 오네가이시마스

💬 바다가 보이는 방으로 부탁합니다.

海が見える部屋をお願いします。
우미가 미에루 헤야오 오네가이시마스

💬 인터넷 이용 가능한 방을 부탁합니다.

インターネットの利用できる部屋をお願いします。
인타-넷토노 리요-데끼루 헤야오 오네가이시마스

💬 이 방으로 하겠습니다.

この部屋にします。
코노 헤야니 시마스

💬 방을 바꾸고 싶은데요.

部屋を換えたいですが。

헤야오 카에따이데스가

💬 좀 더 싼 방이 있나요?

もうちょっと安い部屋はありますか。

모– 춋또 야스이 헤야와 아리마스까

💬 좀 더 좋은 방이 있습니까?

もうちょっといい部屋がありますか。

모– 춋또 이– 헤야가 아리마스까

💬 아침 식사가 포함되었나요?

朝ごはんは含まれていますか。

아사고항와 후꾸마레떼 이마스까

💬 몇 박 묵으실 겁니까?

何泊なさいますか。

난빠꾸나사이마스까

💬 사흘 묵고 일요일 오전에 체크아웃 하고 싶은데요.

三日泊まって日曜日午前にチェックアウトしたいです。
^{みっか と にちようび ごぜん}

믹까 토맛떼 니찌요-비 고젠니 첵쿠아우토시따이데스

💬 숙박 요금은 얼마입니까?

宿泊料金はいくらですか。
^{しゅくはくりょうきん}

슈꾸하꾸 료-낑와 이꾸라데스까

💬 1박에 얼마입니까?

一泊いくらですか。
^{いっぱく}

입빠꾸 이꾸라데스까

💬 다음 주에 2박을 예약하고 싶습니다.

来週二泊の予約をしたいです。
^{らいしゅう にはく よやく}

라이슈- 니하꾸노 요야꾸오 시따이데스

314

체크인

💬 체크인을 부탁합니다.

チェックインをお願[ねが]いします。

첵쿠잉오 오네가이시마스

💬 지금 체크인 할 수 있습니까?

今[いま]チェックインできますか。

이마 첵쿠인데끼마스까

💬 체크인까지 시간이 조금 있습니다만, 짐을 좀 맡길 수 있을까요?

チェックインまで少[すこ]し時間[じかん]があるんですけど、ちょっと荷物[にもつ]を預[あず]かってもらえますか。

첵쿠인마데 스꼬시 지깡가 아룬데스께도, 춋또 니모쯔오 아즈깟떼 모라에마스까

💬 체크인은 몇 시부터입니까?

チェックインは何時[なんじ]からですか。

첵쿠잉와 난지까라데스까

315

💬 예약은 하셨습니까?

予約はされましたか。

요야꾸와 사레마시따까

💬 싱글룸을 예약한 후지와라입니다.

シングルルームを予約した藤原です。

싱구루루-무오 요야꾸시따 후지와라데스

💬 예약은 한국에서 했습니다.

予約は韓国でしました。

요야꾸와 캉꼬꾸데 시마시따

💬 숙박료는 미리 지불했습니다.

宿泊料は前払いしてあります。

슈꾸하꾸료-와 마에바라이시떼 아리마스

💬 다시 한 번 제 예약을 확인해 주세요.

もう一度私の予約を調べてください。

모- 이찌도 와따시노 요야꾸오 시라베떼 쿠다사이

316

💬 숙박 카드에 기입해 주십시오.

宿泊カードにご記入ください。
슈꾸하꾸 카-도니 고끼뉴-쿠다사이

💬 짐을 부탁합니다.

荷物をお願いします。
니모쯔오 오네가이시마스

체크아웃

💬 체크아웃 부탁합니다.

チェックアウトお願いします。
첵쿠아우토 오네가이시마스

💬 몇 시에 체크아웃 하시겠습니까?

何時にチェックアウトしますか。
난지니 첵쿠아우토시마스까

💬 10시에 체크아웃 하려고 합니다.

10時にチェックアウトします。
쥬-지니 첵쿠아우토시마스

💬 이 항목은 무슨 요금입니까?

この項目は何の料金ですか。
코노 코-모꾸와 난노 료-낀데스까

💬 저는 룸 서비스를 시키지 않았는데요.

私はルームサービスを頼みませんでした。
와따시와 루-무 사-비스오 타노미마셍데시따

💬 잘못된 것 같은데요.

間違っていると思うんですが。
마찌갓떼 이루또 오모운데스가

💬 짐을 로비로 내려다 주세요.

荷物をロビーに下ろしてください。
니모쯔오 로비-니 오로시떼 쿠다사이

숙박 시설 이용

💬 룸 서비스를 부탁해도 될까요?

ルームサービスをお願いしてもいいですか。

루-무 사-비스오 오네가이시떼모 이-데스까

💬 세탁을 부탁합니다.

洗濯をお願いします。

센따꾸오 오네가이시마스

💬 귀중품을 보관하고 싶은데요.

貴重品を保管したいのですが。

키쬬-힝오 호깐시따이노데스가

💬 6시에 모닝콜을 해 줄 수 있습니까?

6時にモーニングコールをしてもらえますか。

로꾸지니 모-닝구코-루오 시떼 모라에마스까

💬 열쇠를 보관해 주시겠어요?

鍵を保管してくれませんか。
카기오 호깐시떼 쿠레마셍까

💬 카드키는 어떻게 사용하죠?

カードキーはどうやって使うのでしょう?
카-도키-와 도-얏떼 츠까우노데쇼-?

💬 저한테 메시지 온 것이 있습니까?

私宛のメッセージは来てませんか。
와따시아떼노 멧세-지와 키떼마셍까

💬 이 짐을 비행기 시간까지 맡아 주시면 좋겠습니다만.

この荷物を飛行機時間まで預かって欲しいんですが。
코노 니모쯔오 히꼬-끼 지깜마데 아즈깟떼호시-ㄴ데스가

💬 이 짐을 한국으로 보내 주시겠어요?

この荷物を韓国に送ってくれませんか。
코노 니모쯔오 캉꼬꾸니 오꿋떼 쿠레마셍까

💬 하루 더 연장하고 싶습니다만.

もう一日延長したいんですが。
모- 이찌니찌 엔쬬-시따인데스가

💬 수건을 바꿔 주세요.

タオルを取り替えてください。
타오루오 토리까에떼 쿠다사이

숙박 시설 트러블

💬 열쇠를 방에 두고 왔습니다.

鍵を部屋に置いて来ました。
카기오 헤야니 오이떼 키마시따

💬 뜨거운 물이 나오지 않는데요.

温水が出ないんですが。
온스이가 데나인데스가

💬 화장실이 막혔어요.

トイレが詰まりました。
토이레가 츠마리마시따

💬 방이 청소되어 있지 않은데요.

部屋が掃除されていないんですが。
헤야가 소-지사레떼 이나인데스가

💬 옆방이 너무 시끄러운데요.

隣の部屋がとてもうるさいです。
토나리노 헤야가 토떼모 우루사이데스

💬 방이 엘리베이터에 너무 가까이 있는데, 바꿀 수 있을까요?

部屋がエレベーターと近すぎますが、換えられますか。
헤야가 에레베-타-또 치까스기마스가, 카에라레마스까

Unit 5 관광

관광안내소

💬 관광안내소는 어디에 있나요?

観光案内所はどこにありますか。
캉꼬-안나이죠와 도꼬니 아리마스까

💬 이 도시의 지도를 한 장 부탁합니다.

この都市の地図を1枚お願いします。
코노 토시노 치즈오 이찌마이 오네가이시마스

💬 무료 시내 지도는 있습니까?

無料の市街地図はありますか。
무료-노 시가이 치즈와 아리마스까

💬 지도를 좀 그려 주시겠습니까?

地図をちょっと書いてくれませんか。
치즈오 춋또 카이떼 쿠레마셍까

💬 이 근처에 명소를 추천해 주시겠어요?

この付近にお勧めの見所はありますか。

코노 후낀니 오스스메노 미도꼬로와 아리마스까

투어를 이용할 때

💬 여행에 예정된 것은 어떤 것이 있나요?

旅行の予定はどんなものですか。

료꼬-노 요떼-와 돈나 모노데스까

💬 하루짜리 투어가 있습니까?

一日ツアーがありますか。

이찌니찌 츠아-가 아리마스까

💬 몇 시에 어디에서 출발합니까?

何時にどこから出発しますか。

난지니 도꼬까라 슙빠쯔시마스까

💬 몇 시간 걸리나요?

何時間かかりますか。
난지깡 카까리마스까

💬 몇 시에 돌아올 수 있나요?

帰りは何時ですか。
카에리와 난지데스까

💬 요금은 1인당 얼마인가요?

料金は一人あたりいくらですか。
료-낑와 히또리 아따리 이꾸라데스까

💬 가이드 포함입니까?

ガイド付きですか。
가이도쯔끼데스까

💬 야경을 볼 수 있습니까?

夜景を見れますか。
야께-오 미레마스까

💬 식사는 포함되어 있습니까?

食事は付いていますか。
쇼꾸지와 츠이떼 이마스까

💬 어떤 투어가 있습니까?

どんなツアーがあるんですか。
돈나 츠아-가 아룬데스까

💬 오전 코스가 있습니까?

午前のコースはありますか。
고젠노 코-스와 아리마스까

입장권을 살 때

💬 티켓은 어디서 살 수 있나요?

チケットはどこで買えますか。
치켓토와 도꼬데 카에마스까

💬 입장료는 얼마인가요?

入場料はいくらですか。
<small>にゅうじょうりょう</small>

뉴-죠-료-와 이꾸라데스까

💬 어른 두 장이랑 어린이 한 장 주세요.

大人2枚と子供1枚ください。
<small>おとな まい こども まい</small>

오또나 니마이또 코도모 이찌마이 쿠다사이

💬 1시 공연의 좌석은 있습니까?

1時の公演のチケットはありますか。
<small>じ こうえん</small>

이찌지노 코-엔노 치켓토와 아리마스까

💬 단체 할인이 되나요?

団体割引はありますか。
<small>だんたい わりびき</small>

단따이 와리비끼와 아리마스까

💬 20명 이상의 단체는 20%의 할인이 됩니다.

20人以上の団体は20%の割引になります。
<small>にんいじょう だんたい わりびき</small>

니쥬-닝 이죠-노 단따이와 니쥽파-센토노 와리비끼니 나리마스

관람

💬 관람 시간은 몇 시까지인가요?

観覧時間は何時までですか。
칸랑 지깡와 난지마데데스까

💬 전망이 환상적이에요.

眺めが幻想的です。
나가메가 겐소-떼끼데스

💬 이 시설은 7세 미만의 어린이만 이용 가능합니다.

この施設は7歳未満の子供のみ利用が可能です。
코노 시세쯔와 나나사이 미만노 코도모노미 리요-가 카노-데스

💬 내부를 둘러봐도 될까요?

内部を見てもいいですか。
나이부오 미떼모 이-데스까

💬 출구는 어디인가요?

出口はどこですか。
데구찌와 도꼬데스까

💬 퍼레이드는 언제 있습니까?

パレードはいつありますか。
파레-도와 이쯔 아리마스까

길 묻기

💬 국립미술관으로 가려면, 어느 쪽으로 가야 하나요?

国立美術館へ行くには、どの方向へ行けばいいですか。
코꾸리쯔 비쥬쯔깡에 이꾸니와, 도노 호-꼬-에 이께바 이-데스까

💬 도쿄타워로 가려면, 이 길이 맞습니까?

東京タワーへ行くのは、この道で合ってますか。
토-꾜-타와-에 이꾸노와 코노 미찌데 앗떼마스까

💬 역까지 가는 길을 가르쳐 주세요.

駅まで行く道を教えてください。
에끼마데 이꾸 미찌오 오시에떼 쿠다사이

💬 곧장 가셔서 두 번째 모퉁이에서 우회전하세요.

まっすぐ行って2番目の角で右折してください。
맛스구 잇떼 니밤메노 카도데 우세쯔시떼 쿠다사이

💬 여기에서 박물관까지는 얼마나 멉니까?

ここから博物館まではどのくらい遠いですか。
코꼬까라 하꾸부쯔깜마데와 도노쿠라이 토-이데스까

💬 여기에서 먼가요?

ここから遠いですか。
코꼬까라 토-이데스까

💬 걸어갈 수 있나요?

歩いて行けますか。
아루이떼 이께마스까

💬 걸어서 몇 분이나 걸리나요?

歩いて何分くらいかかりますか。

아루이떼 남뿡쿠라이 카까리마스까

💬 걸어서 5분이면 됩니다.

5分も歩けば着きます。

고훙모 아루께바 츠끼마스

💬 좀 먼데요. 버스를 타는 것이 낫겠네요.

ちょっと遠いです。バスで行った方がいいですよ。

춋또 토-이데스. 바스데 잇따 호-가 이-데스요

💬 이 지도에서 제가 있는 곳은 어디인가요?

この地図で私がいる場所はどこですか。

코노 치즈데 와따시가 이루 바쇼와 도꼬데스까

Unit 6 교통

기차

💬 하카다행 왕복 기차표 한 장 부탁합니다.

博多行きの往復の切符を1枚ください。

하까따유끼노 오-후꾸노 킵뿌오 이찌마이 쿠다사이

💬 나라로 가는 침대칸 한 장 주세요. 위층으로 부탁합니다.

奈良へ行く寝台車を1枚ください。
上階をお願いします。

나라에 이꾸 신다이샤오 이찌마이 쿠다사이.
죠-까이오 오네가이시마스

💬 열차의 배차 간격은 어떻게 되나요?

列車は何分おきですか。

렛샤와 남뿡 오끼데스까

💬 30분 간격으로 다닙니다.

30分おきで走っています。

산쥼뿡 오끼데 하싯떼 이마스

💬 히메지행 열차는 몇 시에 출발합니까?

姫路行きの列車は何時出発しますか。

히메지유끼노 렛샤와 난지 슙빠쯔시마스까

💬 열차가 30분 연착됐습니다.

列車が30分延着になりました。

렛샤가 산쥽뿡 엔짜꾸니 나리마시따

지하철

💬 이 근처에 지하철역이 있어요?

この近くに地下鉄の駅がありますか。

코노 치까꾸니 치까떼쯔노 에끼가 아리마스까

💬 매표소는 어디입니까?

切符売り場はどこですか。

킵뿌우리바와 도꼬데스까

💬 지하철 노선도를 부탁합니다.

地下鉄の路線図をください。
치까떼쯔노 로센즈오 쿠다사이

💬 어디에서 갈아타야 하나요?

どこで乗り換えないといけないんですか。
도꼬데 노리까에나이또 이께나인데스까

💬 요금은 얼마입니까?

料金はいくらですか。
료-낑와 이꾸라데스까

💬 도쿄도청으로 나가는 출구가 어디인가요?

東京都庁に出る出口はどこですか。
토-꾜-또쬬-니 데루 데구찌와 도꼬데스까

버스

💬 가까운 버스정류장은 어디인가요?

最寄りのバス停はどこですか。
모요리노 바스떼-와 도꼬데스까

💬 이 버스가 공항으로 가나요?

このバスは空港行きですか。
코노 바스와 쿠-꼬-유끼데스까

💬 어디에서 내리는지 알려 주시겠어요?

どこで下りるのか教えてくれませんか。
도꼬데 오리루노까 오시에떼 쿠레마셍까

💬 마지막 버스를 놓쳤어요.

終バスに乗り遅れました。
슈-바스니 노리오꾸레마시따

💬 도중에 내릴 수 있나요?

途中で下りることはできますか。
토쮸-데 오리루 코또와 데끼마스까

💬 이 자리는 비어 있습니까?

この席は空いていますか。
<small>せき あ</small>
코노 세끼와 아이떼 이마스까

💬 여기에서 내리겠습니다.

ここで下ります。
<small>お</small>
코꼬데 오리마스

💬 버스는 몇 분 간격으로 와요?

バスは何分間隔で来ますか。
<small>なんぷん かんかく き</small>
바스와 남뿡 칸까꾸데 키마스까

💬 15분마다 버스가 옵니다.

15分ごとにバスが来ます。
<small>ふん き</small>
쥬-고훈고또니 바스가 키마스

💬 버스 운임은 얼마예요?

バスの運賃はおいくらですか。
<small>うんちん</small>
바스노 운찡와 오이꾸라데스까

336

💬 신주쿠행 버스를 타세요.

新宿行きのバスに乗ってください。
<ruby>しんじゅく</ruby> <ruby>ゆ</ruby> <ruby>の</ruby>

신쥬꾸유끼노 바스니 놋떼 쿠다사이

💬 이 버스는 에비스까지 갑니까?

このバスは恵比寿まで行きますか。
<ruby>えびす</ruby> <ruby>い</ruby>

코노 바스와 에비스마데 이끼마스까

택시

💬 택시를 불러 주시겠어요?

タクシーを呼んでもらえますか。
<ruby>よ</ruby>

타쿠시-오 욘데 모라에마스까

💬 택시 승강장은 어디에 있어요?

タクシーの乗り場はどこですか。
<ruby>の</ruby> <ruby>ば</ruby>

타쿠시-노 노리바와 도꼬데스까

💬 택시를 못 잡겠어요.

タクシーが拾えません。
<ruby>ひろ</ruby>

타쿠시-가 히로에마셍

💬 좀처럼 택시가 안 잡히네.

なかなかタクシーつかまらないな。
나까나까 타쿠시- 츠까마라나이나

💬 이 주소로 가 주세요.

この住所へ行ってください。
코노 쥬-쇼에 잇떼 쿠다사이

💬 도쿄역까지 부탁합니다.

東京駅までお願いします。
토-꾜-에끼마데 오네가이시마스

💬 급하니까, 지름길로 가 주세요.

急いでいるので、近道で行ってください。
이소이데 이루노데, 치까미찌데 잇떼 쿠다사이

💬 빨리 가 주세요.

早く行ってください。
하야꾸 잇떼 쿠다사이

- 💬 저 모퉁이에 세워 주세요.

    あの角に止めてください。

    아노 카도니 토메떼 쿠다사이

- 💬 트렁크를 열어 주세요.

    トランクを開けてください。

    토랑쿠오 아께떼 쿠다사이

- 💬 제 가방을 꺼내 주시겠어요?

    私のかばんを取り出してもらえますか。

    와따시노 카방오 토리다시떼 모라에마스까

- 💬 좀 더 천천히 가 주세요.

    もっとゆっくり走ってください。

    못또 육꾸리 하싯떼 쿠다사이

선박

💬 1등칸으로 한 장 주세요.
1等船室を1枚ください。
잇또-센시쯔오 이찌마이 쿠다사이

💬 제 선실은 어디입니까?
私の船室はどこですか。
와따시노 센시쯔와 도꼬데스까

💬 저는 배멀미를 합니다.
私は船酔いをします。
와따시와 후나요이오 시마스

💬 승선 시간은 몇 시입니까?
乗船時間は何時ですか。
죠-셍 지깡와 난지데스까

💬 배를 타고 후쿠오카로 가고 있습니다.
船で福岡へ行っています。
후네데 후꾸오까에 잇떼 이마스

💬 악천후로 배는 출항할 수 없습니다.

悪天候のため船が出港できません。

아꾸뗑꼬-노 타메 후네가 슉꼬-데끼마셍

💬 이 배의 행선지는 고베입니다.

この船の行き先は神戸です。

코노 후네노 유끼사끼와 코-베데스

Chapter 5
긴급상황도 OK!

Unit 1 응급상황
Unit 2 길을 잃음
Unit 3 사건 & 사고

Unit 1 응급상황

응급상황

💬 응급상황이에요.
緊急の状況です。
킹뀨-노 죠-꾜-데스

💬 병원까지 저를 데려다 주시겠어요?
病院まで私を連れて行ってもらえますか。
뵤-임마데 와따시오 츠레떼 잇떼 모라에마스까

💬 친구가 쓰러져서 의식불명입니다.
友達が倒れて意識不明です。
토모다찌가 타오레떼 이시끼후메-데스

💬 다리를 심하게 다쳤어요.
足をひどく怪我しました。
아시오 히도꾸 케가시마시따

- 🟠 정확한 상태를 말씀해 주세요.

  正確な状況を言ってください。
  세-까꾸나 죠-꾜-오 잇떼 쿠다사이

- 🟠 응급실이 어디죠?

  救急センターはどこですか。
  큐-뀨-센터-와 도꼬데스까

- 🟠 당장 그에게 응급 처치를 해야 해.

  すぐ彼に応急手当をしなければ。
  스구 카레니 오-뀨-떼아떼오 시나께레바

구급차

- 🟠 구급차를 보내 주세요.

  救急車をお願いします。
  큐-뀨-샤오 오네가이시마스

💬 움직이지 못하게 하고, 구급차가 도착할 때까지 기다려 주세요.

動かないようにして、救急車が到着するまでお待ちください。

우고까나이요-니 시떼, 큐-뀨-샤가
토-쨔꾸스루마데 오마찌 쿠다사이

💬 구급차가 바로 갑니다.

救急車がすぐ行きます。

큐-뀨-샤가 스구 이끼마스

💬 구급차가 올 때까지, 제가 할 수 있는 것이 있나요?

救急車が来るまで、私にできることはありますか。

큐-뀨-샤가 쿠루마데, 와따시니 데끼루 코또와 아리마스까

💬 미우라 씨는 구급차의 들것에 눕혀졌다.

三浦さんは救急車の担架に乗せられた。

미우라상와 큐-뀨-샤노 탕까니 노세라레따

Unit 2 길을 잃음

길을 잃음

💬 길을 잃었어요.

道に迷いました。
미찌니 마요이마시따

💬 지금 있는 곳은 어디인가요?

今いる所はどこですか。
이마 이루 토꼬로와 도꼬데스까

💬 여기가 어디인지 모르겠어요.

ここがどこか分かりません。
코꼬가 도꼬까 와까리마셍

💬 주변에 보이는 것을 말씀해 주시겠어요?

周りに見えるものをおっしゃってもらえますか。
마와리니 미에루 모노오 옷샷떼 모라에마스까

미아

💬 딸을 잃어버렸어요.

娘とはぐれてしまいました。
무스메또 하구레떼 시마이마시따

💬 어디에서 잃어버리셨나요?

どこではぐれてしまいましたか。
도꼬데 하구레떼 시마이마시따까

💬 생김새랑 옷의 특징을 알려 주세요.

顔や**服**の**特徴**を**教**えてください。
카오야 후꾸노 토꾸쵸-오 오시에떼 쿠다사이

💬 미아 방송을 해 주시겠어요?

迷子の**放送**をしてもらえますか。
마이고노 호-소-오 시떼 모라에마스까

💬 미아보호소가 어디예요?

迷子の**保護**センターはどこですか。
마이고노 호고센타-와 도꼬데스까

💬 미아 광고를 냅시다.

迷子の広告を出しましょう。
마이고노 코-꼬꾸오 다시마쇼-

Unit 3 사건 & 사고

분실사고

💬 분실물 보관소는 어디인가요?

落し物保管所はどこですか。
오또시모노 호깐죠와 도꼬데스까

💬 언제 어디에서 분실하셨나요?

いつどこで落としましたか。
이쯔 도꼬데 오또시마시따까

💬 신용카드를 잃어버렸습니다.

クレジットカードを落としました。
쿠레짓토카-도오 오또시마시따

クレジットカードをなくしました。
쿠레짓토카-도오 나꾸시마시따

💬 택시 안에 지갑을 두고 내렸어요.

タクシーの中に財布を置き忘れました。
타쿠시-노 나까니 사이후오 오끼와스레마시따

💬 어디에서 잃어버렸는지 기억나지 않아요.

どこで落としたのか覚えがありません。

오꼬데 오또시따노까 오보에가 아리마셍

분실신고 & 분실물 센터

💬 분실물은 저희가 책임질 수 없습니다.

落し物は私どもが責任を取ることはできません。

오또시모노와 와따시도모가 세끼닝오 토루 코또와 데끼마셍

💬 분실물 신청서를 작성해 주세요.

落し物申請用紙を書いてください。

오또시모노 신세- 요-시오 카이떼 쿠다사이

💬 분실한 짐을 찾으러 왔습니다.

落とした物を探しにきました。

오또시따 모노오 사가시니 키마시따

💬 분실한 카드를 신고하려고 합니다.

カードの紛失届けを出します。
카-도노 훈시쯔또도께오 다시마스

💬 분실물 센터에 가 보는 게 좋겠다.

落し物センターへ行ってみるといい。
오또시모노 센타-에 잇떼 미루또 이-

도난

💬 도둑이야!

泥棒ッ!
도로보-ㅅ!

💬 저놈을 잡아 주세요.

そいつを捕まえてください。
소이쯔오 츠까마에떼 쿠다사이

💬 제 지갑을 도난당했습니다.
私の財布が盗まれました。
와따시노 사이후가 누스마레마시따

💬 그가 제 지갑을 훔쳤습니다.
彼が私の財布を盗みました。
카레가 와따시노 사이후오 누스미마시따

💬 누가 제 가방을 가져갔어요.
誰かに私のかばんを持って行かれました。
다레까니 와따시노 카방오 못떼 이까레마시따

💬 경비원을 불러 주세요.
警備員を呼んでください。
케-비잉오 욘데 쿠다사이

💬 경찰을 부르겠어요.
警察を呼びますよ。
케-사쯔오 요비마스요

💬 강도를 당했어요.
強盗にあいました。
고-또-니 아이마시따

💬 이웃에서 도난 사건이 몇 건 일어났다.
近所で盗難事件が数件起きた。
킨죠데 토-난 지껭가 스-껭 오끼따

💬 도난 신고는 했어요?
盗難届けは出しましたか。
토-난토도께와 다시마시따까

💬 그는 가게에서 물건을 훔치다가 들켰다.
店で彼の万引きが見つかった。
미세데 카레노 맘비끼가 미쯔깟따

💬 어젯밤에 우리 집에 도둑이 들었다.
夕べ私の家に泥棒が入った。
유-베 와따시노 이에니 도로보-가 하잇따

💬 외출한 사이에 누군가가 방에 침입했습니다.

外出している間に誰かが部屋に押し入りました。
가이슈쯔시떼 이루 아이다니 다레까가 헤야니 오시이리마시따

소매치기

💬 소매치기야!

すりッだ!
스릿다!

💬 소매치기 주의!

すりご用心!
스리 고요-징!

💬 소매치기를 조심하세요!

すりにご注意ください!
스리니 고쮸-이 쿠다사이!

💬 소매치기가 내 지갑을 훔쳤어요.

すりが私の財布をすりました。
스리가 와따시노 사이후오 스리마시따

💬 여기에서는 지갑을 조심하세요. 소매치기가 많이 일어나고 있습니다.

ここでは財布にご注意ください。
すりが多発しています。
코꼬데와 사이후니 고쮸-이 쿠다사이.
스리가 타하쯔시떼 이마스

💬 오늘 아침, 지하철에서 소매치기를 당했다.

今朝、地下鉄ですられました。
케사, 치까떼쯔데 스라레마시따

사기

💬 그는 사기꾼이에요.

彼は詐欺師です。
카레와 사기시데스

彼<small>かれ</small>はいかさましです。
카레와 이까사마시데스

💬 사기치지 마!

だますな!
다마스나!

💬 그는 내게 사기를 쳐서 돈을 빼앗았다.

彼<small>かれ</small>は私<small>わたし</small>をだまして金<small>かね</small>を奪<small>うば</small>った。
카레와 와따시오 다마시떼 카네오 우밧따

💬 사기를 당했습니다.

詐欺<small>さぎ</small>にあいました。
사기니 아이마시따

💬 택시 운전 기사한테 사기 당했어.

タクシーの運転手<small>うんてんしゅ</small>にだまされた。
타쿠시-노 운뗀슈니 다마사레따

タクシーの運転手<small>うんてんしゅ</small>にぼったくられた。
타쿠시-노 운뗀슈니 봇따꾸라레따

357

💬 그건 진짜 사기야.

それは本当に詐欺だ。

소레와 혼또-니 사기다

💬 그는 사기를 당해서, 모든 것을 잃었다.

彼は詐欺にあって、全てを失った。

카레와 사기니 앗떼, 스베떼오 우시낫따

💬 그는 사기죄로 체포됐다.

彼は詐欺罪で逮捕された。

카레와 사기자이데 타이호사레따

💬 그는 날 협박해서 돈을 사기쳤어요.

彼は私を脅迫してお金を騙し取った。

카레와 와따시오 쿄-하꾸시떼 오까네오 다마시똣따

💬 나는 그 사기꾼의 말을 다 믿었다.

私はその詐欺師の話を全部信じた。

와따시와 소노 사기시노 하나시오 젬부 신지따

💬 그는 완벽한 사기꾼이야.

彼は完璧な詐欺師だ。

카레와 캄뻬끼나 사기시다

경찰 신고

💬 여기에서 가장 가까운 경찰서가 어디인가요?

ここから一番近い警察署はどこですか。

코꼬까라 이찌방 치까이 케-사쯔쇼와 도꼬데스까

💬 경찰을 불러 주세요.

警察を呼んでください。

케-사쯔오 욘데 쿠다사이

💬 도난신고를 하려고 합니다만.

盗難届けを出したいんですけど。

토-난토도께오 다시따인데스께도

💬 어디에 신고해야 합니까?

どこに通報(つうほう)すればいいですか。
도꼬니 츠-호-스레바 이-데스까

💬 가까운 경찰서에 가서 신고하는 게 좋겠어요.

最寄(もより)の警察署(けいさつしょ)に通報(つうほう)すればいいと思(おも)います。
모요리노 케-사쯔쇼니 츠-호스레바 이-또 오모이마스

교통사고

💬 교통사고 신고를 하려고 합니다.

交通事故(こうつうじこ)の通報(つうほう)をしたいです。
코-쯔-지꼬노 츠-호-오 시따이데스

💬 교통사고를 목격했습니다.

交通事故(こうつうじこ)を目撃(もくげき)しました。
코-쯔-지꼬오 모꾸게끼시마시따

💬 교통사고를 당했어요.

交通事故にあいました。
<small>こうつうじこ</small>

코-쯔-지꼬니 아이마시따

💬 그 차가 내 차의 측면을 들이받았어요.

その車が私の車の側面に衝突しました。
<small>くるま　わたし　くるま　そくめん　しょうとつ</small>

소노 쿠루마가 와따시노 쿠루마노 소꾸멘니 쇼-또쯔시마시따

💬 정면 충돌이었어요.

正面衝突でした。
<small>しょうめんしょうとつ</small>

쇼-멩 쇼-또쯔데시따

💬 그 교통사고는 언제 일어났죠?

その交通事故はいつ起こりましたか。
<small>こうつうじこ　　　　お</small>

소노 코-쯔-지꼬와 이쯔 오꼬리마시따까

💬 운전면허증을 보여 주세요.

運転免許証を見せてください。
<small>うんてんめんきょしょう　み</small>

운뗌멩꾜쇼-오 미세떼 쿠다사이

361

- 💬 보험은 가입되어 있나요?

    保険に加入していますか。

    호껜니 카뉴-시떼 이마스까

- 💬 이곳은 교통사고 다발지점이에요.

    ここは交通事故多発地点です。

    코꼬와 코-쯔-지꼬 타하쯔 치뗀데스

- 💬 음주 측정기를 불어 주십시오.

    飲酒測定器に息を吹きかけてください。

    인슈 소꾸떼-끼니 이끼오 후끼까께떼 쿠다사이

- 💬 정지 신호에서 멈추지 않았어요.

    停止信号で止まりませんでした。

    테-시 싱고-데 토마리마센데시따

- 💬 하마터면 사고를 당할 뻔했어요.

    危うく事故にあうところでした。

    아야우꾸 지꼬니 아우 토꼬로데시따

화재

💬 불이야!
火事だ!
카지다!

💬 산불이야!
山火事だ!
야마카지다!

💬 소방서에 연락해 주세요.
消防署に連絡してください。
쇼-보-쇼니 렌라꾸시떼 쿠다사이

💬 어젯밤에 화재가 났어요.
夕べ火災がありました。
유-베 카사이가 아리마시따

💬 그는 지난달에 화재를 당했어요.
彼は先月火災にあいました。
카레와 셍게쯔 카사이니 아이마시따

363

💬 어젯밤 화재로 그 빌딩이 전소됐습니다.

昨夜火災でそのビルが全焼しました。

사꾸야 카사이데 소노 비루가 젠쇼-시마시따

💬 화재의 연기 때문에 목과 눈이 화끈거린다.

火災の煙のために喉と目がひりひり痛む。

카사이노 케무리노 타메니 노도또 메가 히리히리 이따무

💬 우리는 화재 현장에서 대피했다.

私たちは火災現場から避難した。

와따시따찌와 카사이 겜바까라 히난시따

💬 불이 빨리 번졌어.

火のまわりが早かった。

히노 마와리가 하야깟따

💬 연기가 순식간에 퍼졌어.

煙がみるみる広がった。

케무리가 미루미루 히로갓따

💬 곧 불이 꺼졌어.

すぐ火が消えたよ。
스구 히가 키에따요

💬 작은 불로 끝나서 다행이구나.

ぼやで済んでよかったね。
보야데 슨데 요깟따네

💬 화재 경보기가 울리면, 즉시 여기에서 나가세요.

火災報知器の音がしたら、すぐここから出てください。
카사이 호-찌끼노 오또가 시따라, 스구 코꼬까라 데떼 쿠다사이

💬 그 화재의 원인이 뭐예요?

その火災の原因は何ですか。
소노 카사이노 겡잉와 난데스까

💬 그 화재는 누전으로 인해 일어났다.

その火災は漏電によって起こった。
소노 카사이와 로-덴니 욧떼 오꼿따

💬 원인 모를 화재입니다.

不審火です。

후심비데스

💬 그 화재 원인은 확실하지 않아요.

その火災の原因ははっきりしません。

소노 카사이노 겡잉와 학끼리시마셍

💬 매년 이맘때면 화재가 잘 발생한다.

毎年今頃火災が起きやすい。

마이또시 이마고로 카사이가 오끼야스이

지진

💬 간밤에, 지진이 일어났어요.

夕べ、地震がありました。

유-베, 지싱가 아리마시따

💬 지진으로 땅이 갈라졌다.

地震で地面がひび割れた。
지신데 지맹가 히비와레따

💬 그 마을은 지진으로 파괴되었다.

その村は地震で破壊された。
소노 무라와 지신데 하까이사레따

💬 도쿄에 진도 8.2의 지진이 발생했다.

東京で震度8.2の地震が起こった。
토-꾜-데 신도 하찌뗀니노 지싱가 오꼿따

💬 지진으로 집이 움직였다.

地震で家がゆれた。
지신데 이에가 유레따

💬 이처럼 큰 지진은 처음이다.

こんなに大きな地震は初めてだ。
콘나니 오-끼나 지싱와 하지메떼다

💬 이번 지진 피해는 큰 것이 아니었다.
今度の地震の被害は大したものではなかった。
콘도노 지신노 히가이와 타이시따 모노데와나깟따

💬 이번 지진으로 많은 집이 허물어졌다.
地震で多くの家が壊れた。
지신데 오-꾸노 이에가 코와레따

💬 지진이 발생하면 책상 아래로 들어가세요.
地震が起きたら机の下に入ってください。
지신가 오끼따라 츠꾸에노 시따니 하잇떼 쿠다사이

💬 지진이 무섭지 않은 사람은 없다.
地震が怖くない人はいない。
지싱가 코와꾸나이 히또와 이나이

💬 이 건물이라면 어떤 지진에도 끄떡없다.

この建物ならどんな地震でも大丈夫だ。
코노 타떼모노나라 돈나 지신데모 다이죠-부다

💬 여진이 있을지도 몰라.

余震があるかもしれないよ。
요싱가 아루카모시레나이요

안전사고

💬 그는 수영 중 익사할 뻔했다.

彼は水泳中おぼれて死に掛けた。
카레와 스이에-쮸- 오보레떼 시니까께따

💬 바다에 빠진 소년은 익사했다.

海で少年は溺死した。
우미데 쇼-넹와 데끼시시따

💬 그는 감전되어 죽을 뻔했다.
彼は感電して死ぬところだった。
카레와 칸덴시떼 시누또꼬로닷따

💬 계단에서 미끄러졌어.
階段から滑った。
카이당까라 스벳따

💬 그는 미끄러지기 전에 재빨리 난간을 잡았다.
彼は滑る前にすばやく手すりを握った。
카레와 스베루 마에니 스바야꾸 테스리오 니깃따

💬 미끄러지지 않도록 조심하세요.
滑らないように注意してください。
스베라나이요-니 츄-이시떼 쿠다사이

💬 돌에 걸려 넘어졌어요.
石につまずいて転びました。
이시니 츠마즈이떼 코로비마시따

💬 돌에 걸려 발목을 삐었다.
石につまずいて足首をくじいた。
이시니 츠마즈이떼 아시쿠비오 쿠지–따

💬 그녀는 중심을 잃고 넘어졌다.
彼女はバランスをくずして倒れた。
카노죠와 바란스오 쿠즈시떼 타오레따

💬 그녀는 발을 헛디뎌 넘어졌다.
彼女は足がもつれて転んだ。
카노죠와 아시가 모쯔레떼 코론다

💬 자전거를 타다가 넘어졌어요.
自転車に乗っていて、転びました。
지뗀샤니 놋떼 이떼, 코로비마시따

💬 할머니는 넘어져서 무릎을 다치셨어.
おばあさんは転んで膝を怪我した。
오바–상와 코론데 히자오 케가시따

Chapter 6
너희들 덕에 편하구나!

Unit 1 **컴퓨터**
Unit 2 **인터넷**
Unit 3 **휴대전화**
Unit 4 **기타 기기**

Unit 1 컴퓨터

컴퓨터

💬 컴퓨터를 켜고 끄는 법을 아세요?

コンピューターのつけ方と消し方を知っていますか。

콤퓨-타-노 츠께까따또 케시까따오 싯떼 이마스까

💬 그는 컴퓨터에 대해서 잘 알고 있다.

彼はコンピューターを熟知している。

카레와 콤퓨-타-오 쥬꾸찌시떼 이루

💬 저는 컴맹이에요.

私はコンピューター音痴です。

와따시와 콤퓨-타- 온찌데스

💬 요즘 노트북 컴퓨터는 필수품이 되어 버렸어.

最近ノートパソコンは必需品になった。

사이낑 노-토파소콩와 히쯔쥬힌니 낫따

💬 전 컴퓨터를 어떻게 작동시키는지 모르는데요.

私はコンピューターの使い方を知りません。

와따시와 콤퓨-타-노 츠까이까따오 시리마셍

💬 컴퓨터가 느려서 파일이 안 열려.

コンピューターが遅くてファイルが開かない。

콤퓨-타-가 오소꾸떼 화이루가 이라까나이

💬 설치를 끝내려면 컴퓨터를 다시 시작해야 합니다.

インストールを完了するにはコンピューターを再起動しなければなりません。

인스토-루오 칸료-스루니와 콤퓨-타-오 사이끼도-시나께레바 나리마셍

💬 컴퓨터가 고장 났어요.

コンピューターが壊れました。

콤퓨-타-가 코와레마시따

💬 바이러스 치료 프로그램을 실행시키세요.

ウイルスソフトを機動してください。
우이루스소후토오 키도-시떼 쿠다사이

💬 그는 타자가 느리잖아, 독수리 타법이니까.

彼はタイピングが遅いよ、人差し指タイピングだから。
카레와 타이핑구가 오소이요, 히또사시유비 타이핑구다까라

컴퓨터 모니터

💬 모니터가 켜지지 않아요.

モニターがつきません。
모니타-가 츠끼마셍

💬 모니터가 어떻게 된 거예요?

モニターがどうなりましたか。
모니타-가 도-나리마시따까

💬 넌 LCD 모니터가 있잖아.

あなたはLCDモニターがあるじゃない。

아나따와 에루시-디- 모니타-가 아루쟈나이

💬 모니터가 망가졌다.

モニターが壊(こわ)れた。

모니타-가 코와레따

💬 모니터 화면이 흔들려요.

モニターの画面(がめん)がゆれます。

모니타-노 가멩가 유레마스

컴퓨터 사양

💬 컴퓨터 용량이 어떻게 되니?

コンピューター容量(ようりょう)はどのくらい?

콤퓨-타- 요-료-와 도노꾸라이?

💬 컴퓨터 사양이 낮아서 이 게임을 할 수 없어.

コンピューターのスペックが不足していてこのゲームができない。

콤퓨-타-노 스펙쿠가 후소꾸시떼 이떼 코노 게-무가 데끼나이

💬 어떤 OS를 쓰고 있어?

何のOSを使っている?

난노 오-에스오 츠깟떼 이루?

💬 이 노트북 컴퓨터는 CPU가 인텔 코어2 듀오 2.0GHz에, 램이 3기가, 하드디스크가 320기가, 모니터는 15.4인치 와이드의 사양을 가지고 있다.

このノートパソコンはCPUがインテルコア2デュオ2.0GHZで、ラムが3ギガ、ハードディスクが320ギガ、モニターは15.4インチワイドというスペックを持っている。

코노 노-토파소콩와 시-피-유-가 인테루코아 츠-듀오 니뗑레-기가헤루츠데, 라무가 상기가, 하-도디스쿠가 삼뱌꾸니쥬-기가, 모니타-와 쥬-고뗑용인치와이도또 이우 스펙쿠오 못떼 이루

컴퓨터 키보드 & 마우스

💬 그는 키보드로 입력하고 있어요.

彼はキーボードでタイプしています。

카레와 키-보-도데 타이푸시데 이마스

💬 메뉴의 밑줄친 문자는 키보드 단축키로 항목을 선택할 수 있습니다.

アンダーラインされたメニューはキーボード短縮キーで項目を選択できます。

안다-라인사레따 메뉴-와 키-보-도 탄슈꾸키-데 코-모꾸오 센따꾸데끼마스

💬 키보드가 꼼짝도 안 하네요.

キーボードが動かないんです。

키-보-도가 우고까나인데스

💬 마우스로 아래쪽 화살표 버튼을 클릭하세요.

マウスで矢印ボタンをクリックしなさい。

마우스데 야지루시 보탕오 쿠릭쿠시나사이

💬 무선 마우스가 있으면 좋겠는데.

無線マウスが欲しいなあ。

무센 마우스가 호시-나-

컴퓨터 프린터

💬 테스트 페이지를 프린터로 보내고 있어요.

テストページをプリンターに送っています。

테스토페-지오 푸린타-니 오굣떼 이마스

💬 프린터기의 토너가 떨어졌어요.

プリンターのトナーがきれました。

푸린타-노 토나-가 키레마시따

💬 이 새 프린터 카트리지는 얼마나 하나요?

この新しいプリンターカートリッジはいくらですか。

코노 아따라시- 푸린타- 카-토릿지와
이꾸라데스까

380

💬 프린터기에 종이가 걸렸어요.

プリンターに紙がひっかかりました。
푸린타-니 카미가 힉까까리마시따

💬 프린터 용지가 다 떨어졌네요.

プリンターの紙が全部なくなりましたね。
푸린타-노 카미가 젬부 나꾸나리마시따네

복사기

💬 새 복사기 사용법 가르쳐 줄래요?

新しいコピー機の使い方を教えてくれますか。
아따라시- 코피-끼노 츠까이까따오 오시에떼 쿠레마스까

💬 복사기에 걸린 종이 빼는 것 좀 도와줄래요?

コピー機にひっかかった紙を抜くのをちょっと手伝ってくれますか。

코피-끼니 힉까깟따 카미오 누꾸노오 춋또 테쯔닷떼 쿠레마스까

💬 복사기에 문제가 있어요.

コピー機に問題があります。

코피-끼니 몬다이가 아리마스

💬 이거, 컬러 복사로 20부 부탁해요.

これ、カラーコピーで20部お願いします。

코레, 카라- 코피-데 니쥬-부 오네가이시마스

💬 확대 복사는 어떻게 하는 거지?

拡大コピーってどうやるんだろう?

카꾸다이 코피-ㅅ떼 도- 야룬다로-?

문서 작업

💬 워드프로세서 정도 사용할 줄 알아요.

ワードプロセッサ程度ならできます[やれます]。

와-도푸로셋사 떼-도나라 데끼마스[야레마스]

💬 저는 주로 한글 프로그램을 사용합니다.

私は主にハングルプログラムを使います。

와따시와 오모니 항구루 푸로구라무오 츠까이마스

💬 엑셀 프로그램을 잘 다루니?

エクセルを使いこなせる?

에쿠세루오 츠까이꼬나세루?

💬 버튼을 클릭해 봐.

ボタンをクリックしてみて。

보탕오 쿠릭쿠시떼 미떼

💬 글꼴을 고딕체로 바꿔라.

書体をゴシック体に換えなさい。
쇼따이오 고식쿠따이니 카에나사이

💬 글자 크기를 크게 하면 어때?

字の大きさを大きくしたらどう?
지노 오-끼사오 오-끼꾸 시따라 도-?

💬 인용문은 파란색으로 표시해라.

引用文は青で表示しなさい。
잉요-붕와 아오데 효-지시나사이

💬 제목을 굵게 표시하는 게 낫다.

題名を太く表すのがいい。
다이메-오 후또꾸 아라와스노가 이-

💬 이 단락을 복사해서 네 파일에 붙여라.

この段落をコピーしてあなたのファイルに貼り付けなさい。
코노 단라꾸오 코피-시떼 아나따노 화이루니 하리쯔께나사이

💬 표와 그래프를 넣어 줄래요?

表とグラフを入れてくれますか。
효-또 구라후오 이레떼 쿠레마스까

💬 이 문서를 txt 형식으로 저장해 주세요.

この文書をtxt形式で保存してください。
코노 분쇼오 테키스토 케-시끼데 호존시떼 쿠다사이

💬 문서에 페이지 번호를 표시해 주세요.

文書にページ番号を付けてください。
분쇼니 페-지 방고-오 츠께떼 쿠다사이

파일 저장 & 관리

💬 실수로 파일을 지웠어요.

うっかりしてファイルを消してしまいました。
욱까리시떼 화이루오 케시떼 시마이마시따

💬 원본 파일은 갖고 있죠?

原本ファイルは持っていますよね?
겜뽕 화이루와 못떼 이마스요네?

💬 아, 파일을 덮어 써 버렸네.

ああ、ファイルに上書きしてしまいました。
아ー, 화이루니 우와가끼시떼 시마이마시따

💬 어느 파일에 저장했습니까?

どのファイルに保存しましたか。
도노 화이루니 호존시마시따까

💬 파일을 저장할 다른 이름을 고르세요.

ファイルを保存する時は他の名前を選んでください。
화이루오 호존스루 토끼와 호까노 나마에오 에란데 쿠다사이

💬 이 파일에 비밀번호를 설정했어.

このファイルに暗証番号を設定した。

코노 화이루니 안쇼-방고-오 셋떼-시따

💬 자료는 외장하드에 백업했습니다.

資料は外付けハードディスクでバックアップしました。

시료-와 소또즈께 하-도디스쿠데 박쿠압푸시마시따

💬 손상된 파일을 복구할 수 있어?

壊れたファイルを復旧できるの？

코와레따 화이루오 훅뀨-데끼루노?

💬 정기적으로 바이러스 체크하는 것 잊지 마.

定期的なウイルスチェックを忘れるな。

테-끼떼끼나 우이루스첵쿠오 와스레루나

💬 10분마다 자동저장 되도록 설정했다.

10分毎に自動バックアップするよう設定した。
쥽뿡고또니 지도- 박쿠압푸스루요- 셋떼-시따

💬 그 파일을 복사해서 내 USB에 저장해 줘.

このファイルをコピーして私のUSBに保存してくれ。
코노 화이루오 코피-시떼 와따시노 유-에스비-니 호존시떼 쿠레

Unit 2 인터넷

인터넷

💬 웹서핑 하면서 시간을 때워.

ネットサーフィンして時間を潰す。
넷토사-휭시떼 지깡오 츠부스

💬 그냥 인터넷을 훑어보는 중이야.

ただインターネットをしてるだけ。
타다 인타-넷토오 시떼루다께

💬 인터넷을 하다 보면 시간 가는 줄 모르겠어.

インターネットをしていて時間がたつのを忘れていた。
인타-넷토오 시떼 이떼 지깡가 타쯔노오 와스레떼 이따

💬 어떻게 인터넷에 접속하죠?

どうやってインターネットに繋ぎますか。
도-얏떼 인타-넷토니 츠나기마스까

💬 인터넷에 접속되어 있어요?

インターネットに繋がっていますか。
인타-넷토니 츠나갓데 이마스까

💬 요즘 인터넷으로 못하는 게 없잖아.

最近はインターネットでできないことがない。
사이낑와 인타-넷토데 데끼나이 코또가 나이

💬 인터넷이 안 되는데.

インターネットができないんですが。
인타-넷토가 데끼나인데스가

💬 검색창에 'STAR'를 입력해 보세요.

検索でstarを探してみてください。
켄사꾸데 스타-오 사가시데 미떼 쿠다사이

💬 저희 웹사이트를 '즐겨찾기'에 추가해 주세요.

私のウェブサイトを「お気に入り」に加えてください。
와따시노 웨부사이토오「오끼니 이리」니 쿠와에떼 쿠다사이

💬 인터넷 뱅킹은 정말 편리하잖아.

インターネットバンキングは本当に便利だ。

인타-넷토방킹구와 혼또-니 벤리다

이메일

💬 이메일 보내 줘.

イーメールを送ってくれ。

이-메-루오 오꿋떼 쿠레

💬 이메일 주소 좀 알려 줘.

イーメールアドレス教えて。

이-메-루 아도레스 오시에떼

💬 무료 이메일 계정이니까 신청해.

無料メールだから申し込みなさい。

무료- 메-루다까라 모-시꼬미나사이

💬 제 이메일에 답장해 주세요.

私のイーメールに返信してください。
와따시노 이-메-루니 헨신시떼 쿠다사이

💬 네게 보낸 이메일이 반송되었는데.

あなたに送ったイーメールが返ってきたけど。
아나따니 오꿋따 이-메-루가 카엣떼 키따께도

💬 난 연하장을 벌써 이메일로 보냈어.

私は年賀状をすでにイーメールで送った。
와따시와 넹가죠-오 스데니 이-메-루데 오꿋따

💬 네 이메일에 첨부파일이 없어.

あなたのイーメールに添付ファイルがない。
아나따노 이-메-루니 템뿌 화이루가 나이

💬 첨부파일이 열리지 않아요.

添付ファイルが開けません。

템뿌 화이루가 히라께마셍

💬 에리코의 이메일을 알려 줄게.

恵理子のイーメールを教えてあげる。

에리꼬노 이-메-루오 오시에떼 아게루

💬 그에게 이메일을 발송할 때 나도 참조로 넣어 주세요.

彼にイーメールを送る時に私もカーボンコピーで入れてください。

카레니 이-메-루오 오꾸루 토끼니 와따시모
카-봉코피-데 이레떼 쿠다사이

💬 이메일로 더 자세한 정보를 받아볼 수 있을까요?

イーメールでもう少し詳しい情報をもらえますか。

이-메-루데 모- 스꼬시 쿠와시- 죠-호-오
모라에마스까

메신저

💬 메신저로 대화하자.

メッセンジャーで話しましょう。

멧센쟈-데 하나시마쇼-

💬 메신저에 접속했어?

メッセンジャー繋いだ?

멧센쟈- 츠나이다?

💬 그가 날 메신저에서 차단한 거 같은데.

私は彼にメッセンジャーで拒否された。

와따시와 카레니 멧센쟈-데 쿄히사레따

💬 넌 (메신저에서) 줄곧 자리비움이니?

あなたはずっとメッセンジャーが退席中なのか?

아나따와 즛또 멧센쟈-가 타이세끼쮸-나노?

💬 업무 시간에 메신저를 켤 수 없어요.

仕事中にメッセンジャーを使えません。

시고또쮸-니 멧센쟈-오 츠까에마셍

소셜 네트워크

💬 나는 SNS를 통해 친구의 근황을 확인하거나 사진을 업로드 하거나 링크나 동영상을 남기면서, 아는 사람과 연락을 합니다.

私はソーシャルネットワークを通じて、友達の様子をチェックしたり、写真をアップロードしたり、リンクや動画を投稿したり、知り合いと連絡を取り合えます。

와따시와 소-샤루넷토와-쿠오 츠-지떼,
토모다찌노 요-스오 첵쿠시따리, 샤싱오
압푸로-도시따리, 링쿠야 도-가오 토-꼬-시따리,
시리아이또오 토리아에마스

💬 요즘에도 SNS 모르는 사람이 있어?

最近でもソーシャルネットワークを
知らない人がいる?

사이낀데모 소-샤루넷토와-쿠오 시라나이 히또가 이루?

💬 SNS는 비즈니스에도 큰 도움이 되기 때문에 애용하고 있다.

ソーシャルネットワークはビジネス
にも大きな助けになるから愛用して
いる。

소-샤루넷토와-쿠와 비지네스니모 오-끼나 타스께니 나루까라 아이요-시떼 이루

블로그

💬 내 블로그에 메시지를 남겨 주세요.

私のブログにメッセージを残してく
ださい。

와따시노 부로구니 멧세-지오 노꼬시떼 쿠다사이

💬 내 블로그에 이번 여행 사진 올렸어.

私のブログに今度の旅行の写真を
アップした。

와따시노 부로구니 콘도노 료꼬-노 샤싱오
압푸시따

💬 그의 블로그는 썰렁한데.

彼のブログはたいくつだ。

카레노 부로구와 타이꾸쯔다

💬 그녀의 블로그를 보니, 그녀가 어떤 사람인지 알 것 같아.

彼女のブログを見て、彼女がどんな
人かわかる気がした。

카노죠노 부로구오 미떼, 카노죠가 돈나 히또까
와까루 키가 시따

💬 내 블로그 1일 방문자는 백 명이 넘어.

私のブログの一日の訪問者は100人
を越える。

와따시노 부로구노 이찌니찌노 호-몬샤와 햐꾸닝오
코에루

Unit 3 휴대전화

휴대전화

💬 휴대전화 번호 좀 알려 줘.

ケータイ番号ちょっと教えて。

케-타이방고- 춋또 오시에떼

💬 내 번호, 네 휴대전화에 저장해 둬.

私の番号、あなたのケータイに登録しといて。

와따시노 방고-, 아나따노 케-타이니 토-로꾸시또이떼

💬 제 휴대전화 번호가 바뀌었어요.

私のケータイ番号が換わりました。

와따시노 케-타이 방고-가 카와리마시따

💬 이거 최신 모델이지?

これは最新モデルでしょう?

코레와 사이싱 모데루데쇼-?

💬 내 휴대전화는 최신형이다.

私のケータイは最新型だ。
와따시노 케-타이와 사이싱가따

💬 휴대전화 액정이 크네.

ケータイの液晶が大きい。
케-타이노 에끼쇼-가 오-끼이

💬 부재중 전화가 두 통 왔다.

着信の電話が二回あった。
챠꾸신노 뎅와가 니까이 앗따

💬 운전 중 휴대전화를 사용하지 마세요.

運転中ケータイを使わないようにしてください。
운뗀쮸- 케-타이오 츠까와나이요-니 시떼 쿠다사이

💬 네 휴대전화가 꺼졌거나 사용 중이던데.

あなたのケータイは電波(でんぱ)が届(とど)かないか使用中(しょうちゅう)ですって言(い)われたんだけど。
아나따노 케-타이와 뎀빠가 토도까나이까 시요-쥬-데슷떼 이와레딴다께도

휴대전화 문제

💬 배터리가 얼마 없어.

バッテリーがあんまり残(のこ)ってない。
밧테리-가 암마리 노꼿떼나이

バッテリーが切(き)れかけている。
밧테리-가 키레까께떼 이루

💬 휴대전화가 잘 안 터져요.

ケータイがよく繋(つな)がりません。
케-타이가 요꾸 츠나가리마셍

💬 휴대전화를 변기에 빠뜨렸어.

ケータイを便器に落とした。
케-타이오 벵끼니 오또시따

💬 휴대전화 액정이 깨졌어.

ケータイの液晶が壊れた。
케-타이노 에끼쇼-가 코와레따

💬 휴대전화 충전기 가져왔어?

ケータイの充電器持ってきた?
케-타이노 쥬-뎅끼 못떼 키따?

💬 어젯밤에 휴대전화를 충전해 놨었는데.

昨日の夜ケータイを充電しておいたんだけど。
키노-노 요루 케-타이오 쥬-덴시떼 오이딴다께도

휴대전화 기능

💬 휴대전화로 아침 6시 모닝콜을 맞춰 놨어.

ケータイで朝6時に目覚ましを掛けておいた。
케-타이데 아사 로꾸지니 메자마시오 카께떼 오이따

💬 휴대전화로 계산해 보면 되지.

ケータイで計算してみたらいいでしょう。
케-타이데 케-산시떼 미따라 이-데쇼-

💬 그녀는 휴대전화로 사진 찍기를 즐긴다.

彼女は写メールを楽しんでいる。
카노죠와 샤메-루오 타노신데 이루

💬 이 휴대전화에는 MP3 기능이 있구나.

このケータイMP3機能があるんだね。
코노 케-타이 에무피-스리- 키노-가 아룬다네

💬 내 휴대전화로 인터넷에 접속할 수 있다.

私(わたし)のケータイはインターネットに繫(つな)げられる。

와따시노 케-타이와 인타-넷토니 츠나게라레루

💬 여자 친구와 화상통화를 해.

彼女(かのじょ)とテレビ電話(でんわ)をする。

카노죠또 테레비 뎅와오 스루

💬 휴대전화에 비밀번호를 걸어놨어.

ケータイをパスワードでロックしておいた。

케-타이오 파스와-도데 록쿠시떼 오이따

💬 해외에 가기 전에 휴대전화 로밍서비스를 잊지 마.

海外(かいがい)に行(い)く前(まえ)にケータイのローミングサービスを忘(わす)れるな。

카이가이니 이꾸 마에니 케-타이노 로-밍구 사-비스오 와스레루나

💬 내 휴대전화에 최신 게임이 있다.

私のケータイには最新のゲームが入れてある。
와따시노 케-타이니와 사이싱노 게-무가 이레떼 아루

💬 휴대전화로 게임하고 있었지?

ケータイでゲームしていたの?
케-타이데 게-무시떼 이따노?

벨소리

💬 그 벨소리 좋은데.

その着信音いいよ。
소노 챠꾸싱옹 이-요

💬 진동모드로 바꾸세요.

マナーモードにしてください。
마나-모-도니 시떼 쿠다사이

💬 인터넷에서 벨소리를 다운로드 했지.

インターネットで着メロをダウンロードした。

인타-넷토데 챠꾸메로오 다운로-도시따

💬 회의 전에는 휴대전화가 진동모드인지 확인해야 합니다.

会議の前にはケータイがマナーモードかどうか確認しなければなりません。

카이기노 마에니와 케-타이가 마나-모-도까 도-까 카꾸닌시나께레바 나리마셍

💬 영화 볼 때는 벨소리가 나지 않게 하세요.

映画を見る時は着信音が鳴らないようにしてください。

에-가오 미루 토끼와 챠꾸싱옹가 나라나이요-니 시떼 쿠다사이

Unit 4 기타 기기

MP3 플레이어

💬 3번 트랙을 틀어봐.

3番のトラックを再生して。
삼반노 토락쿠오 사이세-시떼

💬 다음 곡을 듣자.

次の曲を聴きましょう。
츠기노 쿄꾸오 키끼마쇼-

💬 볼륨, 좀 줄여.

音、ちょっと小さくして。
오또, 춋또 치이사꾸시떼

💬 랜덤으로 재생되게 했어.

ランダムに再生するようにした。
란다무니 사이세-스루요-니 시따

💬 음악 재생 순서는 어떻게 바꾸지?

音楽の再生の順番はどうやって換えるの?

옹가꾸노 사이세-노 쥼방와 도-얏떼 카에루노?

💬 내 MP3 플레이어는 노래가사가 액정에 나오는 거야.

私のMP3プレーヤーは歌の歌詞が液晶に出るんだ。

와따시노 에무피-스리- 푸레-야-와 우따노 카시가 에끼쇼-니 데룬다

내비게이션

💬 이 내비게이션은 효율적인 길 안내를 해 준다.

このカーナビは効率的な道案内をしてくれる。

코노 카-나비와 코-리쯔떼끼나 미찌안나이오 시떼 쿠레루

↘ 내비게이션은 **カーナビゲーション**이라고 하는데, 흔히 **カーナビ**로 줄여서 말합니다.

407

💬 이 내비게이션은 간단한 스크린 터치로 교통 상태를 보여 주거나 막히는 곳을 피해 가도록 합니다.

このカーナビは簡単なタッチスクリーンで交通の状況を教え、渋滞を避けてくれます。

코노 카－나비와 칸딴나 탓치스쿠리―ㄴ데 코－쯔―노 죠―꾜―오 오시에, 쥬―따이오 사께떼 쿠레마스

💬 이 내비게이션은 검색 가능한 주소가 약 3,500만 개입니다.

このナビゲーションの検索可能な住所はなんと約3500万件です。

코노 나비게―숀노 켄사꾸 카노―나 쥬―쇼와 난또 야꾸 산젠고햐꾸망껜데스

디지털 카메라

💬 줌을 어떻게 합니까?

どうやってズームをしますか。
도-얏떼 즈-무오 시마스까

ズームをするにはどうしたらよいですか。
즈-무오 스루니와 도-시따라 요이데스까

💬 플래시를 터뜨리지 마.

ストロボを焚かないで。
스토로보오 타까나이데

💬 이 디지털 카메라는 몇 만 화소예요?

このデジカメは画素数がどのくらいですか。
코노 데지카메와 카소스-가 도노쿠라이데스까

💬 광학 줌이 15배야.

光学15倍ズームだ。
코-가꾸 쥬-고바이 즈-무다

💬 디지털 카메라 충전하는 걸 깜박했어.

デジカメの充電を忘れた。
데지카메노 쥬-뎅오 와스레따

💬 이 디지털 카메라는 사진이 잘 나와요.

このデジカメは写真がきれいに撮れます。
코노 데지카메와 샤신가 키레-니 토레마스

💬 이 디지털 카메라에 손떨림 방지 기능이 있어요.

このデジカメには手ぶれ防止機能があります。
코노 데지카메니와 테부레 보-시 키노-가 아리마스

💬 이건 그립감이 좋은데.

これは持った感じがいいね。
코레와 못따 칸지가 이-네

💬 메모리가 꽉 차서 더 이상 찍을 수 없어.

メモリカードがいっぱいでこれ以上撮れない。

메모리카-도가 입빠이데 코레 이죠- 토레나이

💬 인화하고 싶은 사진을 골라 봐.

現像したい写真を選んで。

겐죠-시따이 샤싱오 에란데

💬 내 디지털 카메라로 동영상 촬영한 것도 나쁘지 않죠?

私のデジカメで撮った動画も悪くないでしょう?

와따시노 데지카메데 톳따 도-가모 와루꾸나이데쇼-?

사진 찍기

💬 이 셔터를 눌러서 사진을 찍어 주세요.

このシャッターを押して写真を撮ってください。

코노 샤타-오 오시떼 샤싱오 톳떼 쿠다사이

💬 예쁘게 찍어 주세요.

きれいに撮ってください。

키레-니 톳떼 쿠다사이

💬 같이 사진 찍으시겠어요?

一緒に写真を撮ってくれませんか。

잇쇼니 샤싱오 톳떼 쿠레마셍까

💬 카메라를 보고 웃으세요.

カメラを見て笑ってください。

카메라오 미떼 와랏떼 쿠다사이

💬 얼굴을 중심으로 찍어 주세요.

顔を中心に撮ってください。

카오오 츄-신니 톳떼 쿠다사이

💬 카메라가 흔들리지 않도록 잡고, 초점은 그렇게 해서 찍어 주세요.

カメラがぶれないように持って、ピントはこのままで撮ってください。

카메라가 부레나이요ー니 못떼 핀토와 코노마마데 톳떼 쿠다사이

💬 확대해서 찍어.

ズームで撮って。

즈ー무데 톳떼

💬 사진이 역광이야.

写真が逆光だ。

샤싱가 갸꼬ー다

💬 그 사진 당장 지워.

その写真すぐ消して。

소노 샤싱 스구 케시떼

💬 사진이 흔들렸잖아.

写真がぶれてるじゃない。

샤싱가 부레떼루쟈나이

💬 난 사진발이 안 받아.

私は写真写りのがよくない。
와따시와 샤싱 우쯔리노가 요꾸나이

💬 난 사진 찍는 거 안 좋아해.

私は写真に撮られるのが好きじゃない。
와따시와 샤신니 토라레루노가 스끼쟈나이

💬 이 사진은 노출 부족이다.

この写真は露出不足だ。
코노 샤싱와 로슈쯔부소꾸다

오늘부터 쉽게! 즐겁게! 만만하게!
다시 시작하는 **하루 3분 일본어**

권선욱·김수열 지음 / p.240 / 15,000원

핵심을 짚어 주는 **원포인트 일본어!**
3분 해설 강의로 **보고 듣는 일본어!**
바로 보고 이해하는 **그림 일본어!**